智库 中社 国家智库报告 2016（66） National Think Tank

经　济

稳增长与防风险双底线的中国宏观经济（2016-2017）

毛振华　刘元春　袁海霞　张英杰　著

MACRO-ECONOMY UNDER THE DUAL BOTTOM-LINE OF STABLE GROWTH AND RISK PREVENTION(2016-2017)

中国社会科学出版社

图书在版编目（CIP）数据

稳增长与防风险双底线的中国宏观经济：2016—2017/毛振华等著 . —北京：中国社会科学出版社，2016.12

（国家智库报告）

ISBN 978 - 7 - 5161 - 9824 - 7

Ⅰ.①稳…　Ⅱ.①毛…　Ⅲ.①中国经济—宏观经济分析—2016②中国经济—宏观经济—经济预测—2017　Ⅳ.①F123.16

中国版本图书馆 CIP 数据核字（2017）第 025848 号

出 版 人	赵剑英
责任编辑	王　茵
特约编辑	喻　苗
责任校对	石春梅
责任印制	李寡寡

出　　版	中国社会科学出版社
社　　址	北京鼓楼西大街甲 158 号
邮　　编	100720
网　　址	http://www.csspw.cn
发 行 部	010 - 84083685
门 市 部	010 - 84029450
经　　销	新华书店及其他书店

印刷装订	北京君升印刷有限公司
版　　次	2016 年 12 月第 1 版
印　　次	2016 年 12 月第 1 次印刷

开　　本	787 × 1092　1/16
印　　张	10.5
字　　数	152 千字
定　　价	56.00 元

凡购买中国社会科学出版社图书，如有质量问题请与本社营销中心联系调换

电话：010 - 84083683

摘要： 2016 年是"十三五"开局之年，也是供给侧结构性改革元年。受世界经济复苏疲弱、我国增长周期调整、产能过剩依然严重等多重因素影响，中国经济增长仍面临下行压力；但随着我国坚持积极的财政政策，加大改革攻坚力度，经济增长呈现底部企稳迹象；前三季度 GDP 增速保持 6.7%，企业利润增长由负转正并持续增长，居民消费价格温和上涨，工业领域价格由负转正；但由政府主导力量带动的经济趋稳基础并不牢固，经济运行中一些深层次的问题并没有解决，M2 与 M1 剪刀差持续扩大，货币政策边际效果递减；资产泡沫问题不断凸显，对宏观经济和民生影响甚重的房地产领域泡沫不断积聚；民间投资增长下滑等等。基于对泡沫和风险的担忧，我国宏观调控基调在下半年已经由稳增长向防风险转变，政治局会议明确"货币政策要抑制资产价格泡沫和防止金融风险"；总体来看，由于房地产投资增速放缓的滞后效应，四季度宏观经济仍将延续前三季度的增长态势，但 2017 年将面临下行压力。2016 年全年 GDP 增长 6.7%，CPI 上涨 2%。

2017 年将是中国经济持续筑底的一年。作为典型"政策市"的房地产业在限购政策、行业供求关系和库存因素等影响下，将逐步进入重新调整阶段，房地产开发投资及相关产业增速进一步减缓。与此同时，世界经济复苏持续疲弱，外需大幅改善的概率较小。基础设施投资仍然是稳增长的主力，但在高基数以及财政收入放缓的背景下，再上台阶的概率甚微。因此，总体上内需将有所趋缓，而新产业新动能培育尚需时间；"三去一降一补"持续推进使制造业调整压力持续存在；新的政治周期也会给经济增长带来一定波动影响。总体来看，2017 年将是中国经济持续筑底的一年。根据模型预测，2017 年中国 GDP 增长 6.5%，CPI 上涨 2.1%。

与此同时，2017 年宏观经济仍将面临七大困境，尤其是仍处于调整周期的房地产行业面临政策调整带来的下行压力和债务的结构性风险进一步凸显，这表明中国经济深层次的问题并未解决，反而有所深化。这七大困境本质上还是由目前中国经济增长的主要路径"债务—投资"驱动模式所决定的，货币以银行信贷为主的债务形式投放给中央和地方的国有企业，以此开展以基建、房地产为主的投资项目，拉动经济增长的同时也带来了资产泡沫、债务高企等问题。当前无论是实体经济抑或虚拟经济，其投资收益率的下降和资金使用效率的降低已逐渐弱化了"债务—投资"驱动模式的效果，高债务带来的风险已成为经济稳定的巨大威胁。

金融危机以来，我国总体债务规模和杠杆率①持续攀升，债务风险主要集中于非金融企业部门中的国有及国有控股企业；由于隐性担保，政府尤其是地方政府债务风险超过预期，包括城投企业负债的广义政府杠杆率超过109%。从国际比较来看，我国居民部门杠杆率虽然低于美国和日本，但却高于同等发展水平国家；从与美国和日本危机前的水平比较来看，我国以房贷为主要驱动的居民部门加杠杆的空间或许不大。事实上，无论从杠杆率的比较还是从信贷缺口等反映金融危机的先行指标来看，中国已经接近甚至超过各国危机前的数值。虽然当前债券市场违约以及信贷市场融资收紧产生的负面效应仍是短暂的、非连续性的；但由于当前国内金融体系的脆弱性及敏感性日益抬升，不排除非预期的外部事件冲击引发债务危机乃至经济危机。

从世界经济发展史尤其是主要发达国家的经验来看，虽然危机的爆发对经济有巨大的冲击，但也是资源错配的深刻调整机

---

① 本报告这里杠杆率主要指的是债务规模与GDP的比值。杠杆率在会计上一般是指资产负债表中总资产与权益资本的比率，衡量负债水平。在宏观上，由于缺少完整的资产负债表，在实际计算中，国内学者一般使用债务规模与GDP的比例作为债务水平的衡量，黄志龙（2013）、张荣楠（2013）、李杨（2016）等，将这一比例称为"杠杆率"来衡量宏观意义的债务水平。

会。中国具备防范危机的实力，但是对于可能引发危机的潜在因素必须重视；因此，需要重新构建"稳增长"与"防风险"双底线的宏观调控体系。一方面，战略思想要明确"稳增长、防风险、促改革"的逻辑顺序；另一方面，防控风险尤其是债务风险是保证中国不发生经济危机的底线。由于信贷扩张主要集中在国有经济部门中，只要政府信用不崩溃，债务市场就能维持，防范债务危机仍有一定的政策空间。风险控制也并不是简单的去杠杆，而是在稳定杠杆增速的情况下调整债务结构。从政策层面来看，要在"稳增长、守底线"的目标下稳步化解我国债务风险，通过大腾挪实现债务转移，中央政府适度加杠杆；根据市场化、法制化原则，适时运用债转股工具；此外，持续推进金融改革，尤其是针对中国宏观"去杠杆"的资本市场改革和国有企业等组合性质的措施应当快速推进。进一步深化土地制度改革，加快流转制度改革，将农村土地作为要素的价值充分体现，有利于分流部分货币，对冲其他领域的资产泡沫等等；持续关注房地产市场态势，调控政策突出结构性和差异性。

主题词：筑底、债务风险、双底线、宏观经济政策

Abstract: In 2016, the macro-economy exhibits the trend of short-term bottom stabilization and converging bubbles. As the potential growth level shifting downward, combined with cyclical, structural, and tendency factors, together they are still causing tremendous downward pressure, and will lead to continuous bottom-formation in the upcoming year of 2017. However, the depth and length of bottom-formation are related to world economy recovery, growth level of Chinas economy, cultivation of new industries and economy drivers, adjustment of real estate cycles, fluctuations of political-economy cycles, solutions to potential economic risks and many other factors. Meanwhile, domestic debt scale has been skyrocketing, driven by the "debt-investment" driving pattern; this highlights the structural debt risks, as generalized government debt level exceeding the international warning line. The fundamental problems of Chinas economy are mostly correlated with debt risks, such as the converging asset bubbles, are actually the currencies allocated by the "debt-investment" driving pattern, now circulating in the stock, bond, and real estate market; while debt risks may very well be the trigger Chinas economic crisis. Judging from current situations, China is capable of preventing crisis, with sufficient attention on factors that may be the causes; on one hand, it is critical to establish a correct understanding and coping mechanism of economic crisis; on the other hand, to establish a risk mitigation mechanism before debt risks evolve to crises.

Key Words: Bottom Stabilization; Bottom-Formation; Debt Risks; Generalized Government Debt

目　录

第一部分　总论与预测[*]

2016 年，受世界经济复苏疲弱、我国增长周期调整、产能过剩依然严重等多重因素影响，中国经济增长仍面临下行压力；但在积极的财政政策、稳健的货币政策、去库存背景下的房地产放松等政策作用下，宏观经济呈现出底部企稳迹象。前三季度经济增长 6.7%，虽然低于 2015 年全年水平，但整体呈现底部徘徊迹象。基础设施投资持续高位增长，工业企业利润增长由负转正并持续增长，居民消费价格温和上涨，工业领域通缩进一步收窄，9 月 PPI 更是由负转正；但由政府主导力量带动的经济趋稳基础并不牢固，经济运行中一些深层次的问题并没有解决，资产泡沫问题不断凸显，局部风险不断扩大，对宏观经济和民生影响甚重的房地产领域泡沫不断积聚，房地产价格暴涨；民间投资增长下滑；债务的结构性风险日益突出，尤其是非金融企业、产能过剩与局部供给不足的结构性问题依然严峻等。

基于对泡沫和风险的担忧，宏观调控基调由上半年的"稳增长"向"防风险"转变，一方面随着收紧的房地产调控再度出台，22 城市出台限购、限贷政策，将带来地产销量增速的下滑，三季度土地购置、新开工面积增速有所下降；因房地产价格上升

　　* 本报告为中国人民大学宏观经济论坛团队集体研究成果，执笔人为毛振华、刘元春、袁海霞、张英杰。闫衍、闫文涛、杨小静、郭静静、余璐等人也对报告作出了贡献。

过快，部分城市推出新的房地产限购政策，由于房地产市场带动的实体经济的回暖正面临回落的风险。另一方面，中央政治局会议明确"货币政策要抑制资产价格泡沫和防止金融风险"，政策基调保持适度宽松；央行最新的货币政策执行报告也显示出未来对风险的防控等。综合考虑全年的情况，模型预测2016年经济增长6.7%。

2017年将是中国经济持续筑底的一年。从历史轨迹来看，2009年一季度我国经济增速降至6.2%，达到亚洲金融危机之后的第一次经济底部。随着刺激政策实施，经济短暂回升，自2010年三季度开始，经济增长从10%的增速基本逐季回落，截至2016年三季度经济增速降至6.7%。随着中国经济"新常态"的延续，投资回报率不断降低、而债务率不断升高，经济下行的压力仍然不容小觑。未来个别年份或季度经济增速跌破6.5%应该是大概率的事件。那么2017年是否会是中国经济"不对称W型"的第二次底部？从中国增速的回落来看，当前正处于过去（1978—2010）年平均10%的高速向中高速换挡的过程，面临结构调整、动力转换、体制改革等系统性调整，经济增长回落至一个新的平衡点，即第二次底部，这个平衡点取决于多种因素。中长期来看，取决于潜在增长速度；中短期来看，则受各种周期性力量的影响，包括世界经济在2017年是否延续新平庸？投资需求何时触底？去产能进展如何？经济增长新动能何时能形成规模性影响等？特别是中国的债务周期是否已经濒临拐点，风险是否能够得以缓释？等等。

1. 从世界周期来看，美国经济数据喜忧参半、增长动力依然不强，欧盟除自身的结构性问题外还将受英国脱欧的进一步冲击，外需难有明显改观。

2. 从中长期来看，支撑中国过去30多年高增长的几大动力源泉均不同程度地减弱，全球化红利耗竭、工业化红利递减、人口红利也随着人口抚养比底部到来、刘易斯拐点出现、储蓄率的回落而发生逆转，十三五期间经济增长潜力有所下降，潜在经济增长率的底部大概率会突破 6.5%。

3. 增长动力主要还有赖于内需，而消费需求受居民收入、消费习惯等方面的因素影响，其走势相对于经济增长而言平稳；投资需求是需求变动以及经济变动的关键，更具体地说是取决于基建、房地产、制造业这三大固定资产投资的增长，行业调整周期的变化决定了房地产投资、制造业投资难以明显改善，基础设施投资增长提速的空间也有所减小；

4. 从产业发展来看，新动力难以充分替代旧动力拉动经济增长，与此同时在向服务型经济为主发展的进程中，服务业劳动生产率相对第二产业劳动生产率低的客观事实将制约全社会劳动生产率的提升。

5. 从经济增长的债务视角看，中国目前稳增长的路径依然是"债务—投资"驱动模式，这决定了 2017 年中国总体债务仍将攀升，考虑到债务期限结构，2017 年年初或是需要警惕的"明斯基"时点。

6. 从政治周期来看，2017 年秋季召开的十九大党代会、2018 年召开的两会，政府换届或将对经济增长带来一定的波动；同时 2017 年也是进一步深化改革的重要一年，也是供给侧结构性改革和"十三五规划"的细则不断落地的重要一年，如果改革攻坚顺利，新的制度红利将不断释放。

7. 从房地产投资看，主要城市不断出台加码的房地产收紧政策将在一定程度上对宏观经济产生负面影响，这种政策滞后效应将在明年得到体现。

综合以上因素分析，我们认为 2017 年中国宏观经济仍将持续筑底，2018 年或许是底部反弹的一年。依据中国人民大学中国宏观经济分析与预测模型—CMAFM 模型，分年度预测 2016 年与 2017 年中国宏观经济指标，如表 1 所示。

表1　　　　　　　　　2016 年与 2017 年主要宏观经济指标预测

预测指标	2015	2016（1—9 月）	2016（预测）	2017（预测）
1. 国内生产总值	685506.00	529971.00	735823.51	794137.6
增长率（%）	6.90	6.70	6.70	6.50
其中：第一产业增加值	3.90	3.50	3.80	3.90
第二产业增加值	6.90	6.10	6.10	5.90
第三产业增加值	8.30	7.60	7.70	7.50
2. 全社会固定资产投资总额（亿元）	561999.80	426906	615950.00	675081.1
增长率（%）	9.76	8.20	9.60	9.60
社会消费品零售总额（亿元）	300931.00	238482.00	332230.00	366120.0
增长率（%）	10.70	10.40	10.40	10.20
3. 出口（亿美元）	22844.21	15584.76	20730.00	21290.00
增长率（%）	-2.80	-7.50	-8.80	-2.70
进口（亿美元）	16810.82	11427.44	15600.00	16260.00
增长率（%）	-14.10	-8.20	-7.10	4.20
4. 广义货币供应（M2）增长率（%）	13.34	11.50	12.40	11.80
狭义货币供应（M1）增长率（%）	15.20	24.70	13.70	13.50
5. 居民消费价格指数上涨率（%）	1.40	2.00	2.00	2.10
GDP 平减指数上涨率（%）	-0.43	0.70	0.60	1.30

具体预测指标来看：

1. 在外需持续低迷疲弱、消费增长略有趋缓、去产能调结构持续推进等综合影响下，预计 2017 年 GDP 实际增长 6.5%，比 2016 年下滑 0.2 个百分点。

2. 三大产业方面，预计三次产业分别增长 3.9%、5.9%、7.5%；随着去产能、调结构持续推进，工业生产或将进一步放缓。

3. 内需方面，作为稳增长的主力——基建投资虽然仍有增长空间，但在内需低迷、行业调整的影响下，制造业投资和房地产开发投资改善概率甚微，综合来看 2017 年固定资产投资增长 9.6% 左右；从总体来看，消费需求平稳增长的基本趋势仍未改变，但是经济和收入放缓对消费的滞后影响将继续显现，同时，缺乏实质创新、客户体验有待提高、存在监管漏洞等因素在一定程度上还会制约新兴消费动能，总体来看，消费增长将稳中趋缓，增速在 10.2% 左右。

4. 随着全球经济复苏乏力，国际大宗商品低位徘徊，汇率波动加大，外部市场需求低迷仍将延续；经济不景气导致各国利益取向的分歧凸显，贸易保护主义有所抬头，尤其是针对我国的贸易壁垒尤为突出。但是考虑到衡量全球贸易走势的波罗的海干散货指数在 2016 年达到 290 点的历史新低后，波动反弹至目前的 974 点，全球贸易市场或将有所回暖。同时考虑到基数效应，预计 2017 年进出口下滑幅度进一步收窄。

5. 虽然全球需求低迷，但大宗商品价格整体触底后低位徘徊以及在各种地缘政治的影响下，输入性价格上涨压力存在；同时考虑到国内货币存量因素，在去产能等持续推进下带来的供给减少，总体来看，消费领域价格温和上升，PPI 累计增幅有望转正。

2017 年宏观经济仍将面临七大困境，尤其是房地产泡沫加剧和债务的结构性风险进一步凸显，表明中国经济深层次的问题并未解决，反而有所深化。我们认为，2017 年面临的七大困境本质上还是由目前中国经济增长的主要路径导致的，目前"债务—投资"驱动模式仍是稳增长的主要措施。货币以银行信贷为主的债务形式投放给中央和地方的国有企业，以此开展由政府主导的大量基础设施建设、房地产投资项目，拉动经济增长的同时也带来了资产泡沫、企业债务高企和债务率攀升等问题；债务工具的使用在经济发展中具有重要作用，适度的负债不仅能够提高资金的配置效率，而且能够促进经济增长，但如果负债过高或者配置结构不合理（期限结构、主体结构等），则会造成信用违约频发、金融机构不良贷款陡升、资产价格崩溃，最终导致金融危机的全面爆发。从目前的情况来看，无论是实体经济还是虚拟经济，投资收益率的下降和资金使用效率的降低已逐渐弱化"债务—投资"驱动模式的效用，高债务带来的高风险已成为经济稳定的巨大威胁。正如我们分析中所认为的，在中短期影响经济增长的众多周期性力量中，债务风险是影响中国经济是否发生危机的最大潜在因素，是经济运行中需密切关注的重中之重。

自 2008 年以来，我国总体债务规模和杠杆率持续攀升，债务风险主要集中于非金融企业部门中的国有及国有控股企业；由于隐性担保，政府尤其是地方政府债务风险超过预期，包括城投部门负债的广义政府杠杆率超过 109%，如果考虑到国有企业在内的更为广义的政府负债，更是高达 163.2%。从国际比较来看，我国居民部门杠杆率虽然低于美国和日本，但却高于同等发展水平国家；此外，居民部门债务扩张速度远超其他国家，并且债务结构主要是以中长期的房屋贷款为主。与美国和日本危机前的水平比较来看，我国以房贷为主要驱动的居民部门加杠杆的空间或许不大。

金融危机以来刺激政策投放的货币以及以银行体系为主的间接融资体系、资本市场的相对不健全等是债务高企的主要原因。总体上看，债务工具的使用在经济发展中具有重要作用，适度的负债不仅能够提高资金的配置效率，而且能够促进经济增长，但负债结构不合理，则会造成信用违约频发、金融机构不良贷款陡升、资产价格崩溃，最终可能导致金融危机爆发。

事实上，中国目前总体债务水平已经处于一个"临界点"。从非金融企业部门来看，总"杠杆率"水平（254.9%）已经远远高于墨西哥比索危机前的 77.7% 和泰国在亚洲金融危机前的 188.8%，也略高于金融危机前美国的 238.5%，并接近西班牙金融与经济危机前的 262.1%。此外，从信贷扩张和信贷缺口等反映金融危机的先行指标来看，也均已经接近甚至超过各国危机前夕的数值。虽然从各国的债务周期来看，并非所有的信用扩张都会触发"费雪—债务"周期连锁反应。但处在这样一个系统性风险的临界点，虽然从目前来看，无论是债券市场违约带来的冲击，还是信贷市场融资收紧产生的负面效应仍是短暂的、非连续性的。但是由于当前国内金融体系的脆弱性及敏感性日益抬升，非预期的外部事件冲击将引发债务危机乃至经济危机。尤其是我们分析的三种债务风险传导路径相互叠加，货币政策的非预期收紧、人民币大幅贬值引发资本外逃风险以及违约风险集中释放，带来市场信心的沦丧，融资工具不能滚动，债务链条断裂，流动性枯竭，资产价格崩溃，引发"明斯基时点"，经济陷入衰退。

从当前的形势来看，在经济下行压力依然比较大的背景下，债务风险已经是经济运行中需防范的重中之重。从政府来讲，需要构建以防风险、稳增长为核心的宏观调控体系，稳定市场信心，防范债务风险演化为金融危机。

第二部分　2016 年宏观经济

——短期底部趋稳与泡沫聚集的宏观经济

2016 年，受世界经济复苏疲弱、我国增长周期调整、产能过剩依然严重等多重因素影响，中国经济增长延续趋缓态势；但在积极的财政政策、稳健适度的货币政策、去库存背景下的房地产限购放松等政策作用下，宏观经济呈现出底部企稳的迹象。前三季度 GDP 增长 6.7%，达到全年 6.5%—7% 的工作目标。基础设施投资持续高位增长，工业企业利润增长由负转正并持续增长，居民消费价格温和上涨，工业领域通缩进一步收窄，9 月当月 PPI 更是由负转正；但在政府主导力量带动的经济趋稳基础并不牢固，经济运行中一些深层次的问题并没有解决，资产泡沫问题不断凸显，局部风险不断扩大，对宏观经济和民生影响甚重的房地产领域泡沫不断积聚，房地产价格暴涨；市场性力量的民间投资增长下滑，债务的结构性风险日益突出，尤其是非金融企业、产能过剩与局部供给不足的结构性问题依然严峻等等；而事实上，随着资金的"脱实就虚"日益严重、房地产泡沫化加剧，债务风险的日益突出，宏观调控的基调逐渐由稳增长向防风险转移。

总体而言，宏观经济总体呈现以下九个特点。

表 2　　　　　　　　　　　　2016 年宏观经济主要指标一览表

核心指标	2014	2015（累计）				2016（累计）			
		1 季度	2 季度	3 季度	4 季度	1 季度	2 季度	3 季度	4 季度
1. 国内生产总值增长率（%）	7.3	7.0	7.0	7.0	6.9	6.7	6.7	6.7	6.7
工业增加值增长率（%）	8.3	6.4	6.3	6.2	6.1	5.8	6.0	6.0	6.0
2. 固定资产投资完成额（亿元）	502005	77511	237132	394531	551590	85843	258360	426906	596501
（名义增长率,%）	15.7	13.5	11.4	10.3	10.0	10.7	9.0	8.2	8.1
社会消费品零售总额（亿元）	271896	70715	141577	216080	300931	78024	156138	238482	33231
（名义增长率,%）	12.0	10.6	10.4	10.5	10.7	10.3	10.3	10.4	10.4
3. 出口（亿美元）	23427	5139	10719	16641	22765	4639	9854	15584	20981
（增长率,%）	6.1	4.7	0.9	-1.9	-2.8	-9.6	-7.7	-7.5	-7.7
进口（亿美元）	19603	3902	8086	12400	16820	3382	7271	11427	15874
（增长率,%）	0.4	-17.3	-15.5	-15.3	-14.1	-13.5	-10.2	-8.2	-5.5
4. 广义货币（M2）增长率（%）	12.2	11.6	11.8	13.1	13.3	13.4	11.8	11.5	11.3
5. 居民消费价格指数（%）	2.0	1.2	1.3	1.4	1.4	2.1	2.1	2.0	2.1
工业生产者出厂价格指数（%）	-1.9	-4.6	-4.6	-5.0	-5.2	-4.8	-3.9	-2.9	-1.4

一　GDP 减速趋缓，"供给侧"降中趋稳，需求侧疲弱态势显现

（一）GDP 走势减速趋缓，达到全年任务目标值

2016 年前三季度中国 GDP 增长 6.7%，较 2015 年全年回落

0.2 个百分点，达到中央全年 6.5%—6.7% 的目标区间，宏观经济下行速度趋缓。分季度来看，一、二、三季度经济增速均为 6.7%，反映我国经济呈现底部企稳迹象。按照季度比较，二、三季度的环比增速均为 1.8%，较一季度 1.1% 有所改善。值得注意的是，随着 GDP 平减指数由负转正，名义 GDP 增速达 8.75%，较 2015 年同期上升 2.18 个百分点。

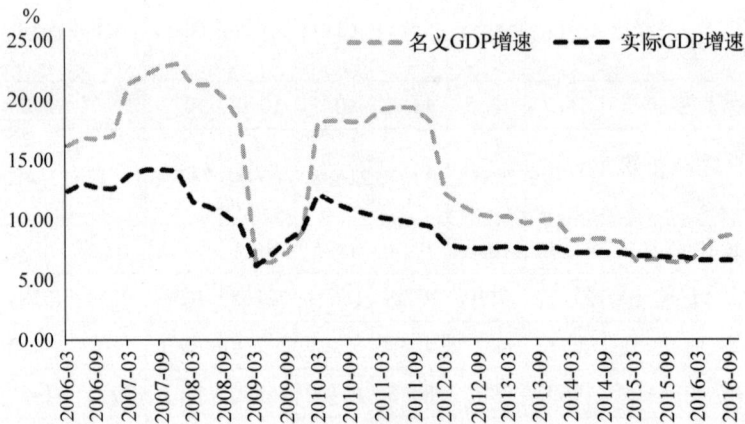

图 1　GDP 增速变化趋势

（二）工业生产增长先下滑后有所稳定，工业领域生产萎缩放缓

2016 年，在供给侧改革与国企改革的双轮驱动下，去产能政策得到实质性落实与推进。前三季度，规模以上工业增加值同比增长 6.0%，比 2015 年同期和 2015 年年末下降 0.2 个百分点和 0.1 个百分点。分季度看，一、二、三季度分别增长 5.8%、6.0%、6.0%，工业企稳势头有所增强。

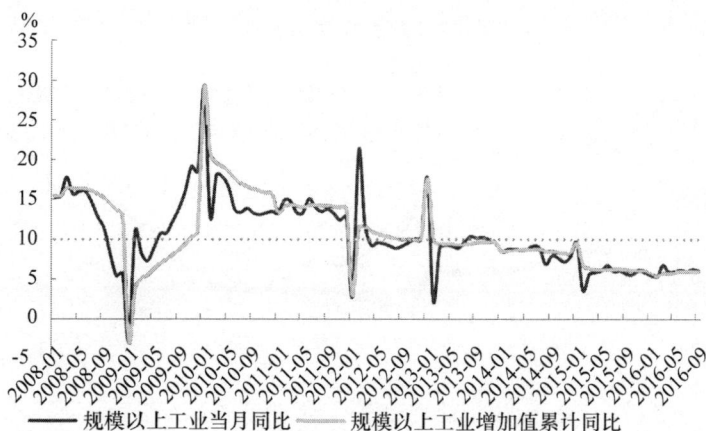

图2　工业增加值增长缓中趋稳

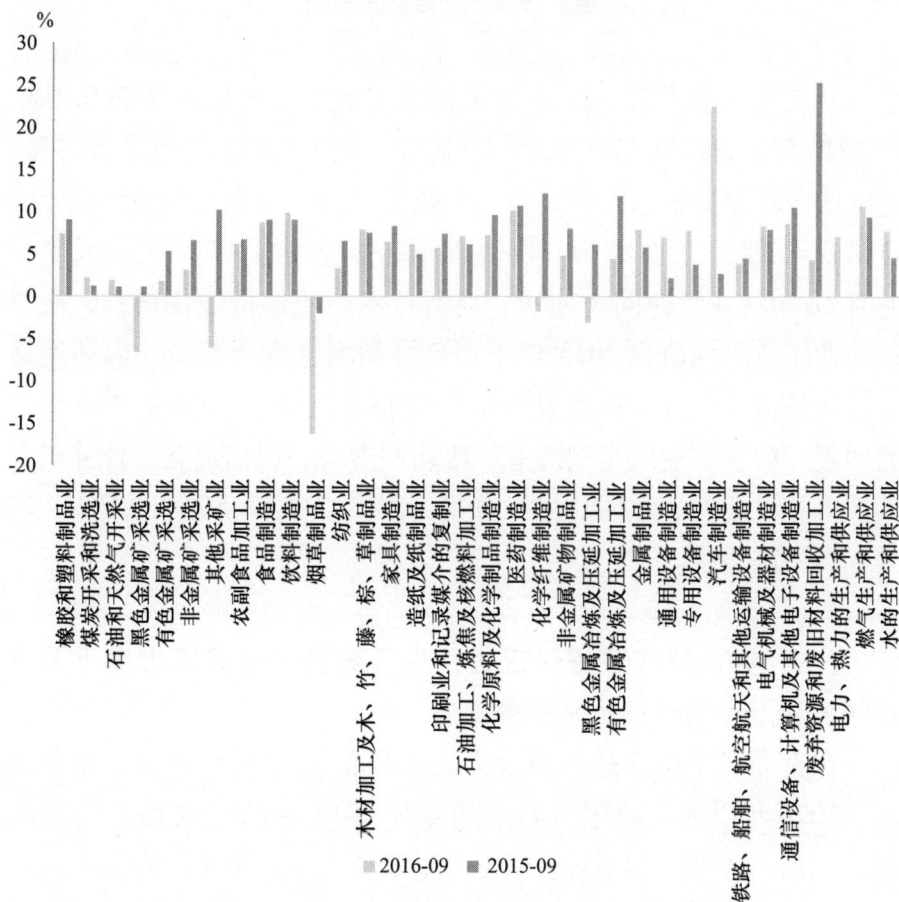

图3　部分行业增长速度

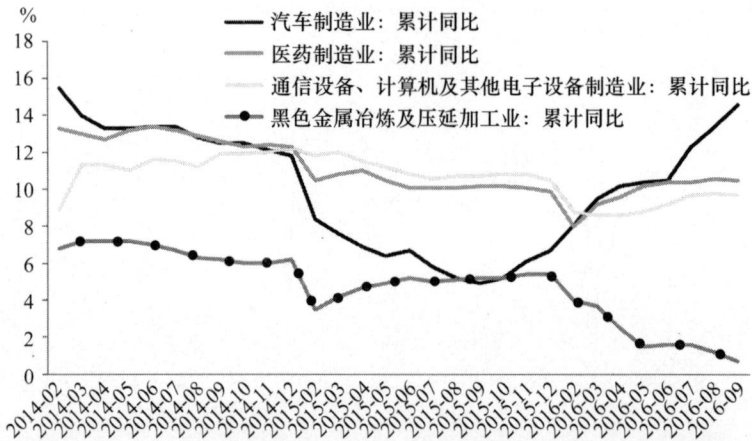

图4 部分行业增加值增速

从三大门类来看，1—9月采矿业工业增加值同比下降0.4%，自2016年3月以来逐月下跌，制造业工业增加值同比增长6.9%，连续四个月保持平稳态势，电力、热力、燃气及水生产和供应业同比增长4.3%。工业结构有所改善，制造业中有41个工业大类行业有18个行业增速同比加快，高新技术产业保持较快增长，汽车制造业工业增加值自2015年下半年开始增速有所回升，医药制造业、通信设备、计算机及其他电子设备制造业自2016年2月也开始回暖，前三季度汽车制造业、医药制造业、通信设备、计算机及其他电子设备制造业同比增长分别为14.6%、10.5%和9.7%，均为年内最高增速。

（三）在全球经济增长乏力，主要贸易伙伴复苏力度不及预期的背景下，进出口贸易持续低迷

在世界经济持续疲软以及人民币贬值压力不减等因素的作用下，2016年以来，我国贸易依然延续2015年的"衰退式"顺差状态。前三季度，我国进出口总值累计为26776.67亿美元，进出口总额累计同比下降7.80%，跌幅分别较2015年同期和年底收窄0.3个百分点和0.2个百分点，2016年以来，进出口总额跌幅逐步收窄，三季度跌幅比一季度和二季度分别收窄 3.5 个和 0.9 个百分点。进口总额累计下降 8.20%，跌幅较 2015 年同期和 2015 年年底大幅收窄 7.1 个百分点；出口总额累计下降 7.50%，较 2015 年下降 5.6 个百分点。基于此，2016 年 1—9 月，贸易顺差为 3964 亿美元，同比下跌 7.00%，对外贸易依然延续"衰退式"顺差态势。在世界经济总体低迷，贸易保护主义显著抬头的背景下，外需若要得到实质性的改善变得十分困难。

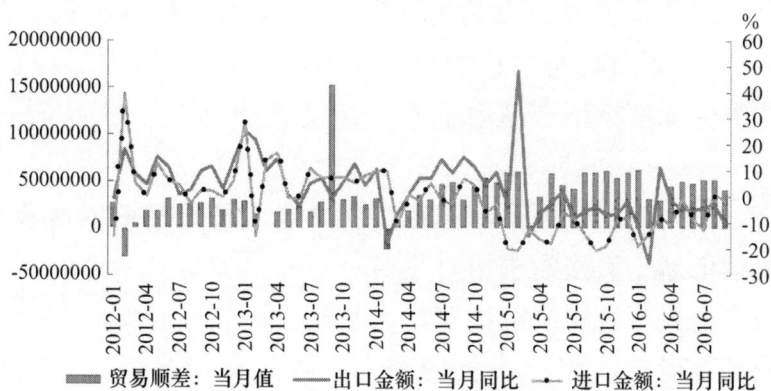

图 5　对外贸易持续低迷，衰退式顺差持续

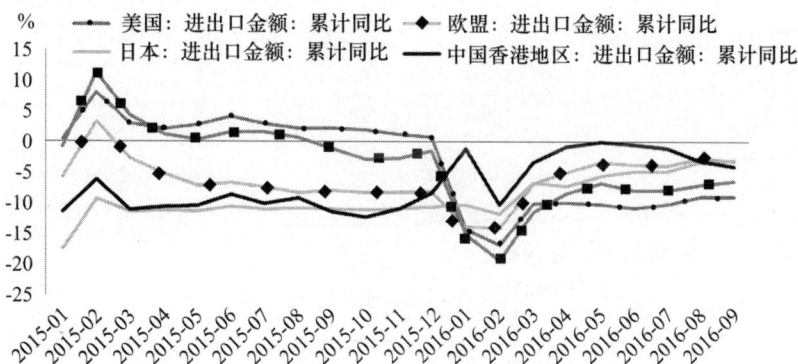

图 6　进出口贸易的国别情况

从国别来看，我国与主要贸易伙伴的贸易额有所差异，前三季度我国与美国和东盟的进出口贸易额分别下降 9.2% 和 6.7%，

比去年同期下跌 11.2 个和 5.5 个百分点，与此同时，我国与欧盟和日本的贸易情况有所改善，前三季度进出口总额分别下降 3.5% 和 3.3%，比上年同期分别收窄 4.5 个和 7.8 个百分点。从贸易方式看，前三季度一般贸易进出口为 1.5 万亿美元，同比下降 5.9%，较 2015 年同期和年底分别收窄 1.3 个和 1.6 个百分点。来料加工贸易出口同比跌幅为 1.6%，累计增速已经首次回正，贸易方式有所优化。前三季度，我国机电产品出口 5.73 万亿元，占同期我国出口总值的 57%，玩具出口额累计同比增长 9.9%，维持年内高速增长态势，我国的出口产品依然以机电产品和传统劳动密集型产品为主。

（四）固定资产投资增速落入个位数，民间投资增速急速下滑并持续低迷；消费需求相对平稳

随着重大项目加快审批落地，基础设施投资持续保持高位增长，依然是稳投资和稳增长的主力。固定资产投资延续放缓态势，自 5 月份固定资产投资增速落入个位数以来，连续四个月持续低迷。前三季度，固定资产投资增长 8.2%，比上年同期和 2015 年全年均有所回落。从固定资产投资的三大主要构成来看，房地产开发投资增长 5.8%，比上年同期和上年全年回落 3.2 个

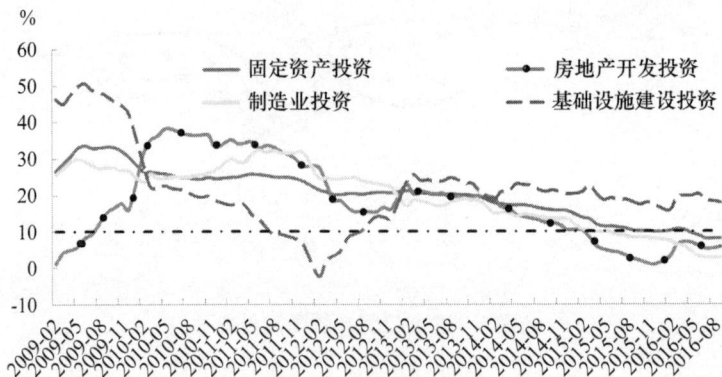

图 7　固定资产投资及其三大构成走势

和 4.8 个百分点。受产能过剩行业调整等影响，制造业持续低迷，增长 3.1%，增速比上年同期下降 5.2 个百分点。而在政策放松以及去库存推进下，销售火爆带动房地产开发投资增长有所回升，前三季度增长 6.2%，增速比上年回升 5.2 个百分点。占比超过两成的基建投资增长 17.92%，增速比上年同期有所下降，但比上年全年有所回升。基础设施投资的持续高位增长，与重大项目加快审批落地有重要关系，为促进有效投资，政府出台政策促进铁路、公路、棚户区改造、重大水利工程等基础设施项目落地，并大力推广 PPP 模式。截至 8 月底，全国各地入库项目总数达 10313 个、总投资 12.3 万亿元。项目落地进入加速期，二季度新增落地项目 250 个、总投资 5000 亿元。9 月，发改委向社会公开推介 2.14 万亿元基础设施 PPP 项目。基础设施保持高位增长，成为稳投资与稳增长的主要驱动力。

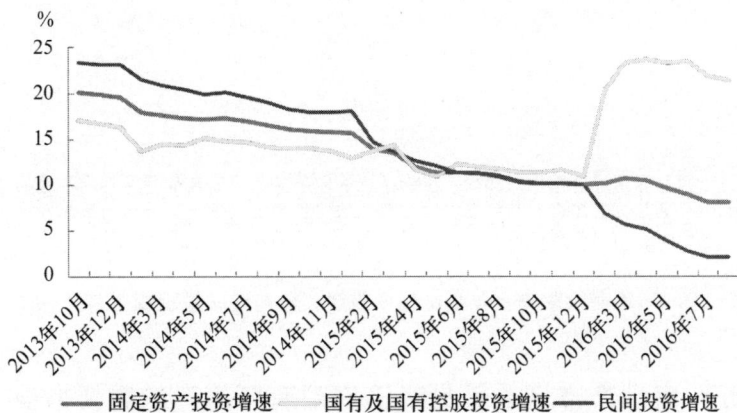

图 8　民间投资与国有投资分化态势明显

　　从主体来看，民间固定资产投资增速呈现"断崖式"下跌，前三季度，占比六成的民间固定资产投资累计增速仅为 2.5%。同期，国有及国有控股固定资产投资持续保持 20% 以上的增速增长，表明固定资产投资增速主要靠国有固定资产投资拉动，也即，当前的固定资产投资主要来自于政策驱动。

从消费来看，前三季度，全社会消费品零售总额同比增长10.4%，比上年同期下降0.1个百分点，但比上半年提升了0.1个百分点；从年内走势来看，呈现稳中趋升的态势；扣除价格因素，实际增长9.8%，比上年同期下降0.7个百分点，比上半年提升0.1个百分点。其中，虽然增速均有所放缓，但农村居民消费增长持续快于城镇居民消费增长；网上消费虽然增速放缓，但仍保持在26%以上的增速持续高位增长。从限额以上的消费来看，汽车类消费增长比上年有所加快，其他类别的消费增长均有不同程度的放缓。

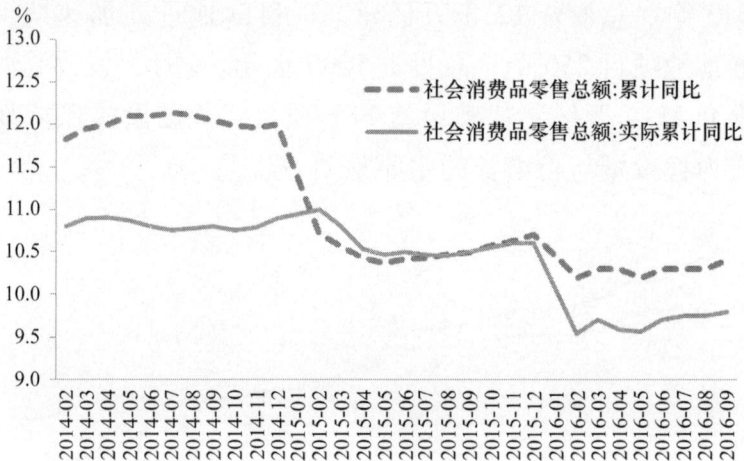

图9 消费需求与上年相比稳中趋缓，年内增长呈现稳中有升

（五）房地产市场改善是经济底部有所趋稳的重要力量

对中国经济影响作用巨大的房地产业呈现复苏迹象，在去库存背景下，房地产销售尤其是一线城市交易持续回暖，带动房地产开发投资、新开工面积以及施工面积均大幅回升，土地购置面积也有一定改善。2016年1—3季度，在一系列利好政策的支撑下，我国房地产市场持续升温，房地产市场价格进入自2015年12月为起点的新一轮上升通道。房地产销售持续回暖，带动房地产开发投资、新开工面积以及施工面积均呈现大幅回升，土地购

置面积也有一定程度的改善，这为缓解中国经济过快下行、推动房地产去库存做出了积极的贡献。前三季度，房地产新开工面积同比增速与商品房销售面积同比增速先升后降，截至9月末，分别增加41.3%、6.8%。房地产开发投资同比增速平稳回升至6.8%，受益于去库存政策的出台，从开工到销售，房地产市场呈现出明显的回暖迹象，在一定程度上为宏观经济的筑底过程提供了重要支撑。

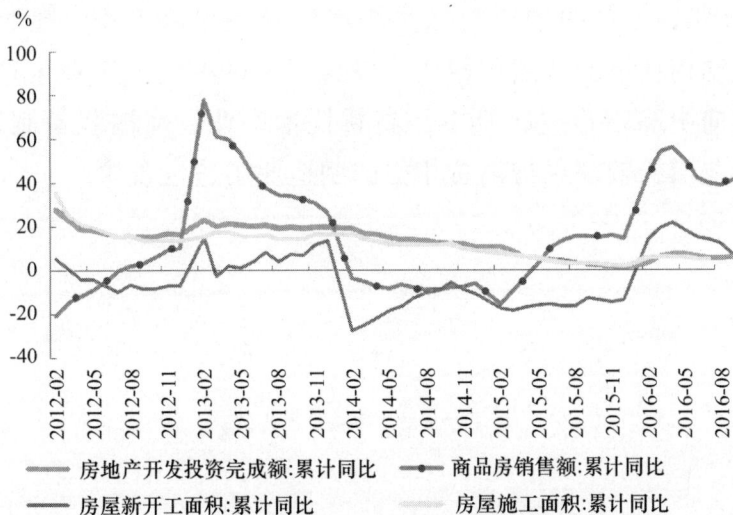

图10　房地产投资短期改善

二　经济结构有所优化，区域分化加速

2016年前三季度，随着中国经济结构的持续优化，经济增长动力持续由第二产业向第三产业转移，从内需对经济的拉动作用来看，消费对经济增长的贡献有所提升。

（一）从产业来看，经济结构持续优化，新的增长动力不断孕育

随着经济结构转型和去产能持续，三产增长持续高于二产，

产业结构持续优化；产业内部调整加剧，新兴行业增长持续高于传统行业，服务业和消费对经济增长的贡献提升。

前三季度，三次产业增加值分别增长3.5%、6.1%和7.6%，第一产业、第三产业增速同比下降0.3个百分点和0.8个百分点，第二产业比上年同期提升0.1个百分点。从三次产业的比较来看，自2012年四季度第三产业增速首次超过第二产业以来，三产的增速一直高于二产，并在2015年这一差距达到最大。进入2016年，三产的增速与二产增速的差距略微缩小，显示出我国产业结构在量的持续积累中，发生了质的变化。工业生产正在从低端向中高端迈进，其中，高新技术产业、高端装备制造业、汽车产业增长较快，与消费相关的制造业增速也较快。

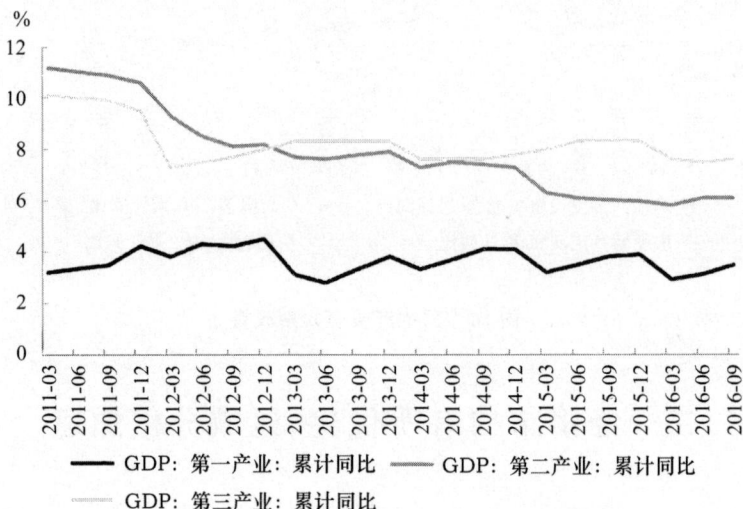

图11　三次产业增长趋势，第三产业持续高于第二产业

具体看来，与消费相关的行业同比增速明显上升，比如食品、医药、家具、家电产业工业增加值明显上升，对工业增长起到明显的支撑作用。此外，随着原材料价格的回升，尤其是煤炭、石油、有色金属等资源类产业从底部明显反弹。

与此同时，从占比情况来看，前三季度第三产业占 GDP 的比重为 52.37%，较 2015 年同期上升 1.4 个百分点，比第二产业占比高 12.69 个百分点，较 2015 年同期差值扩大 2.48 个百分点。第三产业占比持续上升并且超过 50%，表明我国产业转型与结构调整初见成效，中国经济由工业主导向服务业主导加快转变。

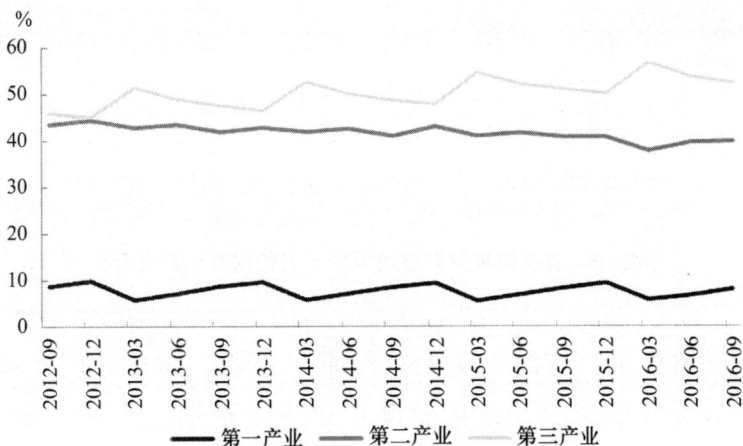

图 12　三次产业结构持续改善

（二）从需求来看，最终消费支出对经济增长的贡献进一步上升，外需对经济增长的作用进一步减弱

2016 年以来，最终消费支出对我国 GDP 的贡献率持续上升，表明我国经济依靠消费拉动的特征更加明显。前三季度，最终消费支出对 GDP 的贡献率达 71.0%，比上年同期和上年全年分别高出 11.6 个百分点和 4.6 个百分点。其中，二季度的贡献率为 73.4%，创 2012 年二季度以来的新高。资本形成总额对经济增长的贡献从上年同期的 43.4% 下降至 36.8%；货物和服务净出口对经济增长的下拉作用从上年同期的 1.8% 扩大至 7.8%，外需对经济增长的作用进一步减弱。

前三季度数据表明，中国经济增长的动力结构已经发生深刻变化，消费成为经济增长的主动力，信息、绿色、住房等六大消

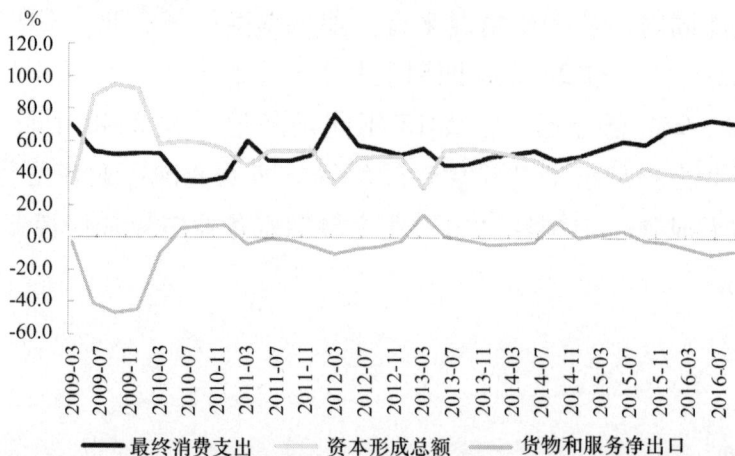

图 13　消费需求对经济增长的拉动作用进一步提升

费工程持续推进，旅游、文化、健康、养老、体育等产业加快发展，新能源汽车产业在政策驱动作用下消费快速发展。基于此，消费需求对经济增长的贡献明显提升。

（三）从区域来看，区域经济加速分化，东北地区经济困难加重

近年来，受国际市场需求低迷和国内经济转型调整的影响，我国区域经济分化加剧。2016 年前三季度，我国区域经济增长仍延续"西快东慢"格局，但东部回稳态势明显，重庆等西部四省和天津增长速度位列第一方阵。区域经济总量格局继续呈"东部过半、中西部小"态势，且东部比重再度上升，中部持平，西部略有下滑，东北明显下降。资源型、重工业大省受"去产能"冲击十分明显，部分资源型城市出现负增长。

从 2016 年前两季度各省（直辖市）的实际 GDP 均值来看，除海南外，绝大多数地区的 GDP 增速较 2015 年有所下降。其中，下降最为严重的是辽宁省，1—2 季度，辽宁省实际 GDP 增速呈现负增长，同比下降 1.5 个百分点。综合看来，低增速的地区经

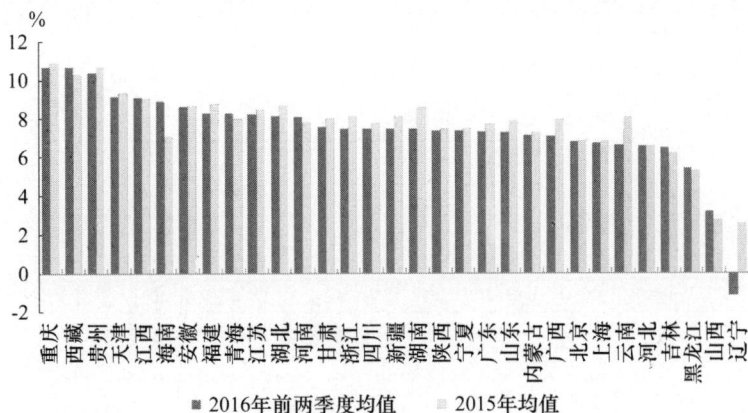

图14　2016年前两季度各地区实际GDP增速均值与2015年均值

济增长表现出三个共同特征：一是产业结构单一；二是国有企业占比较高；三是市场垄断性强。相比沿海发达地区，中西部、东北资源型大省的产业结构多元化程度与所有制结构多元化程度均较低，由于二者之前存在较强的关联性，上述两方面的因素使得这些地区承受宏观经济冲击和波动的能力极差，经济增长表现出一定的顺周期性。在宏观经济形势整体向好时，这些地区的经济能够迅速发展，而一旦面对下行压力，地区结构单一的弊端会迅速显现，短期内难以实现经济复苏。

三　M2—M1持续扩大，货币政策效果递减，资金"脱实就虚"加剧，房地产领域贷款持续高位增长

（一）M2—M1持续扩大，货币政策效果递减

自2015年10月以来，我国金融层面最显著的特征是狭义货币供应量M1和广义货币供应量M2剪刀差持续扩大。M1同比增速快速上涨，M2的变化不大，因此M2—M1之间的剪刀差持续扩大，7月M1与M2剪刀差达到目前的最高值15.2%。截至9月

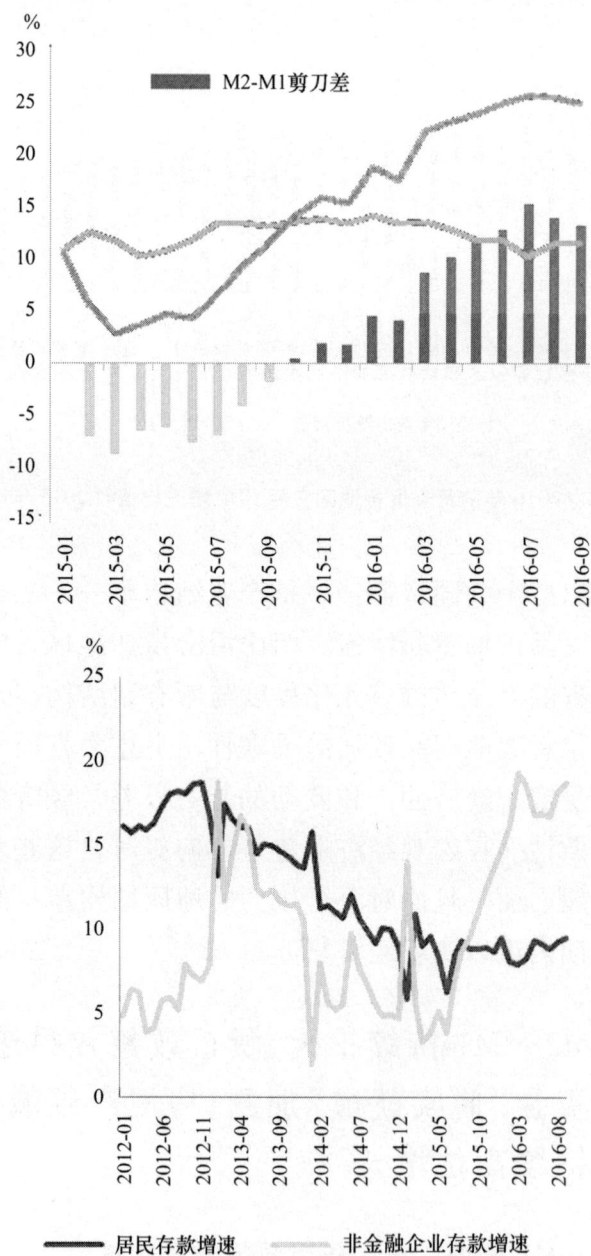

图 15　M2—M1 剪刀差变化不断变大

底，M1 同比增长 24.7%，M2 同比增长 11.5%，剪刀差为 13.2%，较前期略有下降，但依旧维持年底高位。

M1 增速持续偏高，反映出局部出现资产价格泡沫。第一，经济下行投资机会减少，固定资产投资下降尤其是民间固定资产投资增速大幅下跌，目前实际利率较低；第二，定期存款利率较低使得将资金留存为活期贷款机会成本降低；第三，实体经济投资回报率持续低迷，尤其制造业投资回报率下降，因此，投资主体更倾向于持币观望。另一方面，较高的剪刀差的另一个因素是M2 增速较低。M2 由 M1 和准货币组成，居民储蓄存款构成准货币中主要部分，但 9 月居民存款余额增速同比增长仅为 9.4%，比 2012 年 1 月的 16.1% 下降 6.66 个百分点，而同时非金融企业存款余额增速同比为 18.7%。因此，M2—M1 剪刀差反映出宏观经济中的不稳定因素，即资金"脱实就虚"，房地产市场泡沫积聚和居民部门杠杆率的过快上升等。

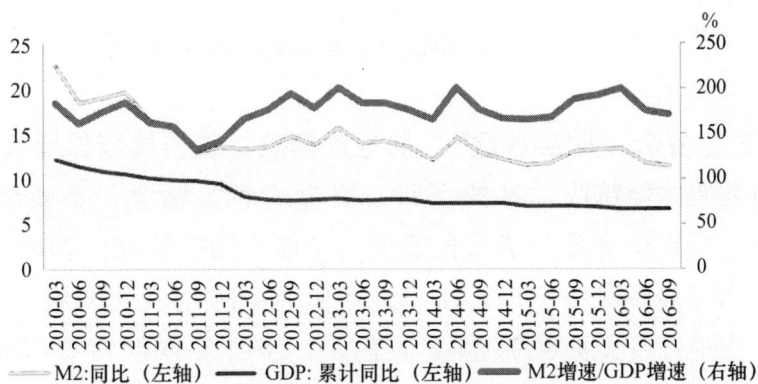

图 16   货币政策的边际效果递减

货币剪刀差扩大的同时，货币政策的边际效果也在逐步递减。当前我国的 M2 投放量已经达到 151.64 万亿元（2016 年前三季度数据），与此同时，我国的 GDP 增速却逐步放缓，大量的货币投放却没有给经济增长带来应有的贡献，M2 增速与 GDP 增速比值以及 M2/GDP 可以衡量经济增长所需要广义货币投放量，2015 年 M2/GDP 达到 2.03，前三季度这一数据更是上升至 2.83，说明单位 GDP 的增量所需的货币投入越来越高，其倒数反映了货币流动速度，货币流动速度放缓，杠杆率提高，对经济增长的驱动越来越弱，货币政策的边际效果逐步递减。

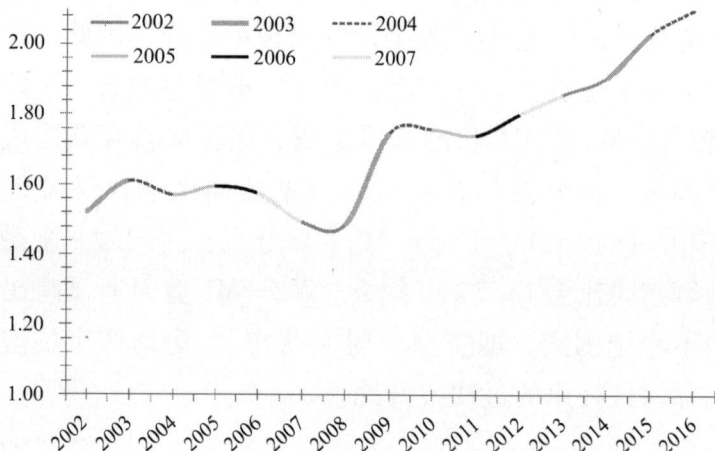

图 17   M2/GDP 屡创新高，货币政策效果递减

（二）资金"脱实就虚"，房地产领域贷款持续高位增长

随着实体经济收益率的下行，资金"脱实就虚"不断凸显，表现为刺激政策释放的货币在股债、房地产伺机流动。2016 年在房地产市场表现尤为突出。从房地产贷款余额的变化来看，前三季度，房地产贷款余额为 25.3 万亿元，2015 年同期为 20.2 万亿元，同比增长 25.2%，个人购房贷款余额为 17.93 万亿元，同比增长 33.1%，而该数据在 2013 年 3 月为 17.4%。新增人民币贷款中，居民新增人民币贷款占全部新增贷款的比例已从年初的 24.2% 攀升至 46.44%。房地产市场挤占资源也加剧了资金脱离生产领域实体经济的程度。

资金"脱实向虚"，也加大了货币政策调控的难度。自 2015 年以来，随着中国基础货币增速的持续大幅下滑，中国货币乘数持续快速提高，2016 年 6 月份达到 5.2，为 2001 年以来的历史最高点。货币乘数进一步增长的空间将不断收窄，创造足够的广义货币供给的难度加大。

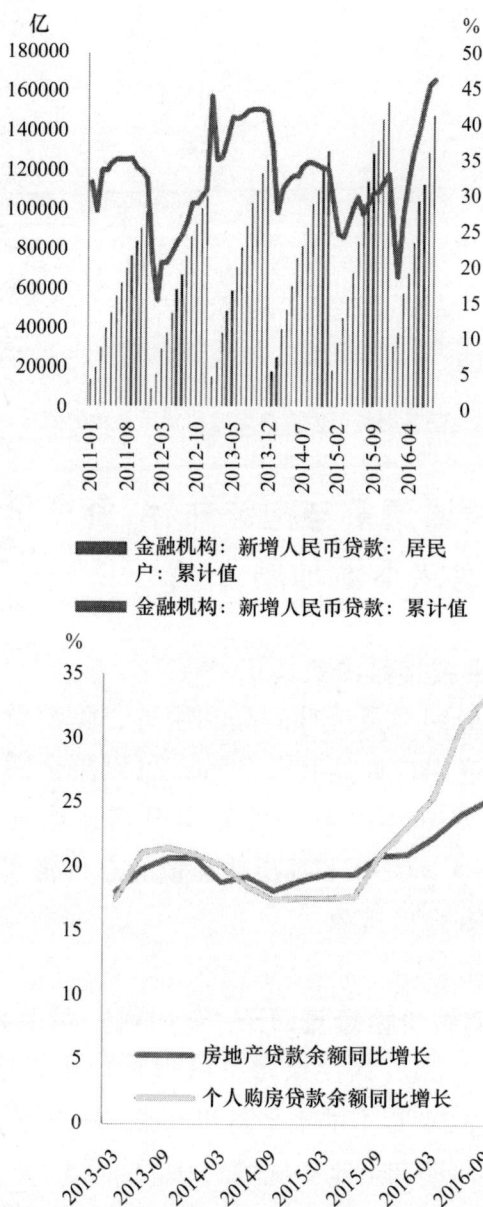

亿　　　　　　　　　　　　　　　　%

图18　新增居民贷款的结构变化以及房地产
贷款余额高位增长

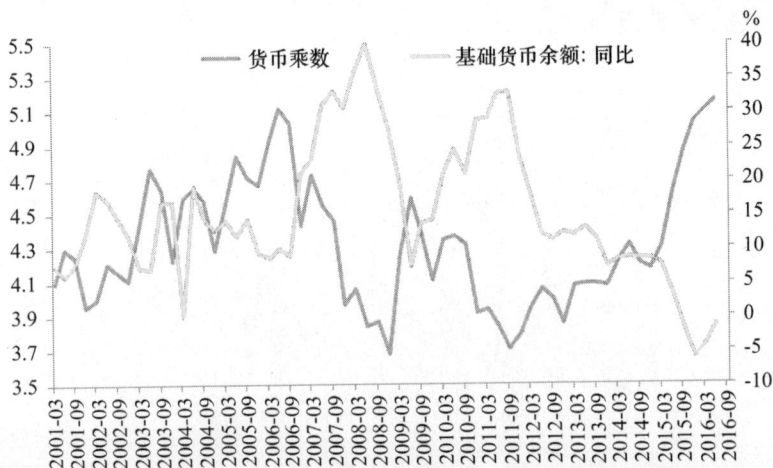

图19   我国基础货币供应量增速和货币乘数的变化趋势

四   价格领域萧条与泡沫并存,资产价格分化,局部泡沫不断加剧

(一) GDP 平减指数由负转正

GDP 平减指数因涉及全部商品和服务,除消费外,还包括生产资料和资本、进出口商品和劳务等,可以更全面地反映整体物价水平的走向。2016 年以来,名义 GDP 增速连续 3 个季度显著超过实际 GDP 增速,GDP 平减指数衡量的总价格水平连续三个月保持正值,经济有企稳迹象。

(二) 居民消费价格短暂回至"2 时代"后温和上涨

2016 年以来,CPI(居民消费价格指数)在 2 月份重回"2 时代"后一直保持在2%以上的水平温和上涨。1—9 月,CPI 同比上涨 2%,分别比上年同期和上年年底增加 0.57 个和 0.6 个百分点,一、二、三季度 CPI 分别上涨2.1%、2.1%和2%。单月来看,2016 年 2 月以来连续三个月 CPI 同比增长 2.3%,为年内高位,4 月以来 CPI 增速放缓,8 月达到年底最低增速1.3%。食品 CPI 增速年内波动较大,但与 CPI 变动趋势一致,3 月食品 CPI 同比增长达到年内最高点

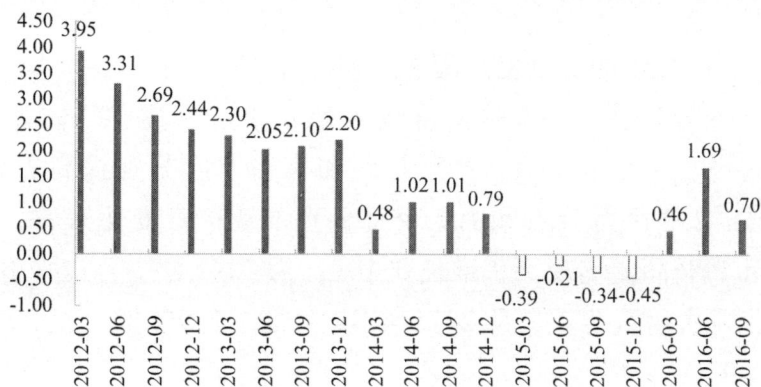

图20　2016年GDP平减指数由负转正

7.6%，8月增速下跌到1.3%，鲜菜与猪肉价格的回落带动了食品CPI的下降，第三季度食品CPI同比上涨5%，比一二季度分别下降1.4个和1.2个百分点，非食品CPI增速较稳定，从年初同比增速1.2%缓慢增加到9月的1.6%，非食品方面，家庭服务、医疗服务等服务业价格增速较快，前三季度分别增长4.3%和3.9%，房地产市场的火爆也带动了房租价格增速保持稳定增长态势，前三季度增速2.7%。前三季度核心CPI同比增长1.6%，相比前两个季度的1.4%和1.5%，继续保持温和上涨。

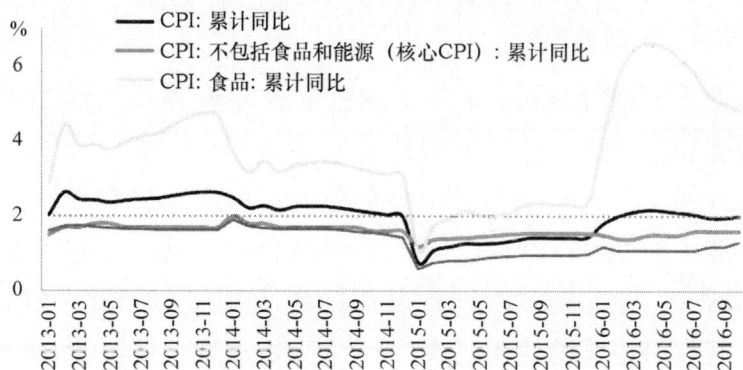

图21　CPI短暂回至"2时代"后温和上涨

（三）工业领域价格降幅进一步收窄

2016 年以来，PPI 跌幅持续收窄，前三季度 PPI 同比下降 2.9%，比 2015 年同期、去年年底和第一季度分别提高 2.09 个百分点，2.3 个百分点和 1.9 个百分点。从单月变化来看，尤其是 9 月 PPP 同比实现了正增长 0.1%，为 2012 年 2 月以来 PPI 同比变化首次由负转正，从 2015 年 12 月的 -5.9% 回升至 2016 年 9 月的 0.1%。

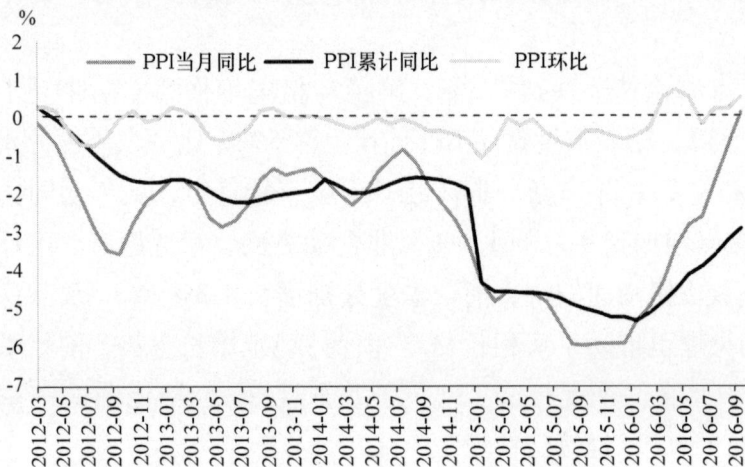

图 22　PPI 降幅不断收窄，9 月实现由负转正

从重要大类行业看，9 月，黑色金属冶炼和压延加工、有色金属冶炼和压延加工业价格同比分别上涨 10.1% 和 1.2%，涨幅比 8 月分别扩大 3.6 个和 0.4 个百分点；煤炭开采和洗选业价格同比上涨 4.1%，为 2012 年 7 月以来的首次上涨，上述三大行业价格的回升，是影响 PPI 同比转正的重要因素。因此，PPI 价格跌幅有所收窄主要的原因是大宗商品价格短期反弹，上游行业受益，但是 PPI 同比增长为正对制造业的整体推动作用还有待观察。

（四）房地产价格区域分化进一步加剧，泡沫不断积聚

2016年以来，在全国房地产行业"去库存"的大趋势下，我国的房地产交易市场反而持续回暖，一、二线城市交易量暴涨，带动房价持续飙升。9月，全国70个大中城市新建住宅均价同比上涨9.3%，尤其是一、二线城市，房价出现暴涨，北京、上海和深圳住宅价格同比分别上涨30.4%、39.5%和34.5%，南京、合肥、苏州等二线城市的住宅价格上涨幅度均超过40%，一、二线城市出现齐涨局面。

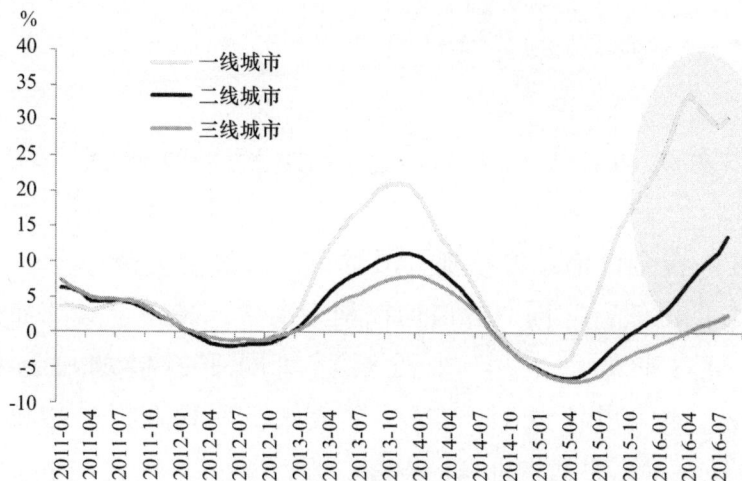

图23 房地产价格泡沫化趋势明显

我国的房地产市场存在泡沫，一、二线城市的泡沫较为严重，而且呈不断扩大趋势。第一，从中国房价收入比指标的绝对水平看，中国房价收入比呈现波动上升的趋势，2010年达到高峰后出现下降趋势，但近年来，随着房价出现新一轮上涨而收入增速放缓，房价收入比再次出现较大幅度上升。目前一线城市房价收入比已经超过20倍，35个大中城市中有32个城市超过3—6倍的合理区间上限。第二，从国际主要城市的比较看，中国房价

收入比指标居全球之首，也从一个角度说明了中国的房地产市场存在较为严重的泡沫。

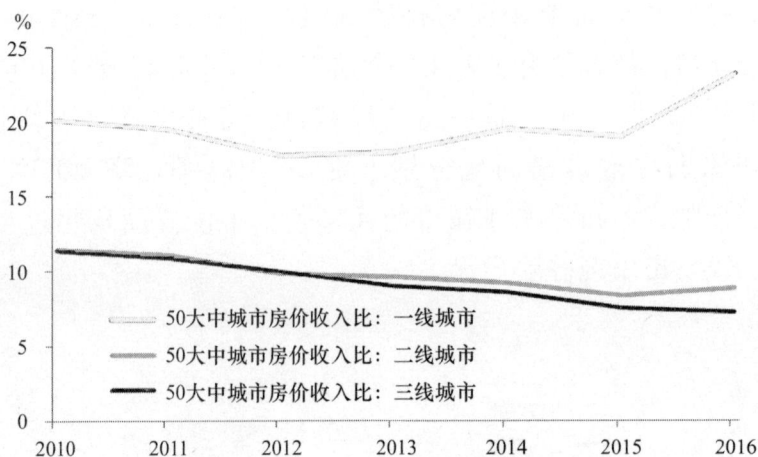

图24   中国房价收入比（房屋总价与居民家庭年收入的比值）

（五）资金价格总体平稳，股票市盈率缓慢上升

从各期限银行间同业拆借加权利率来看，2016年以来资金价格处于相对平稳水平，3个月银行间同业拆借加权利率报3.0842%，比年初下跌18.21bp，隔夜银行间同业拆借加权利率报2.2881%，比年初上涨22.49bp。

全球金融危机以来，为刺激疲弱的经济增长，全球主要发达国家央行均采取了超低利率政策，越来越多的央行甚至采取了负利率政策，资金成本处于历史最低水平。长期的超低利率，刺激了全球各国股票市场泡沫的再度形成。截至2016年10月初，包括我国在内的各国股市的市盈率已经普遍超过2007年美国爆发"次贷危机"前的水平。我国的股市市盈率也呈现缓慢上升的趋势，截止到2016年9月，深交所的股市平均市盈率为41.29%，比2015年同期上升2.95个百分点，上交所的股市平均市盈率为15.12%，与2015年同期持平。

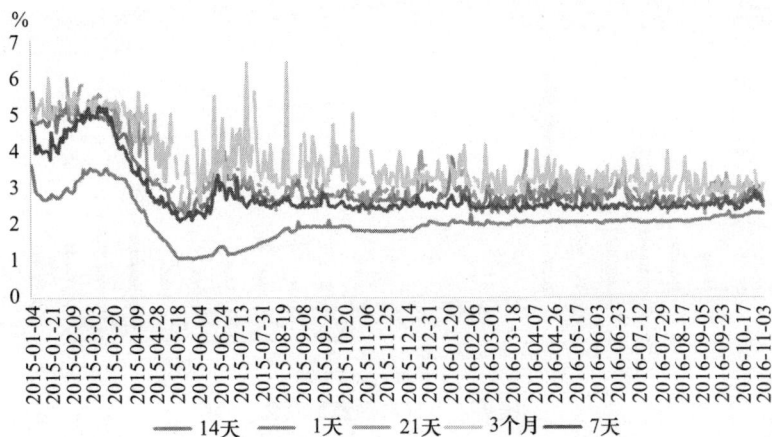

图 25　不同期限银行间同业拆借加权利率变化

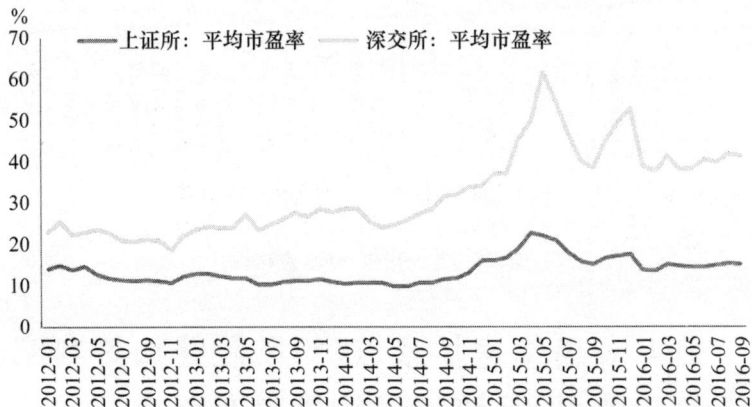

图 26　我国上交所与深交所的股市市盈率变化趋势

（六）股权融资市场改革受挫，股指 3000 点徘徊

因 2015 年股市加杠杆，严厉的监管政策出台后股权改革受挫，股票发行注册被推迟，截至 2016 年 10 月底，2016 年股市 IPO 只有 982.21 亿元。

2016 年以来，A 股从第一季度的震荡趋势逐步缓慢上升，以上证指数为例，截至 2016 年 10 月 31 日，A 股报收于 3246.25 点，季度涨幅为 2.56%，2016 年 10 月 25 日收报于 3279.1 点，也是 2016 年 2 月以来的最高点。

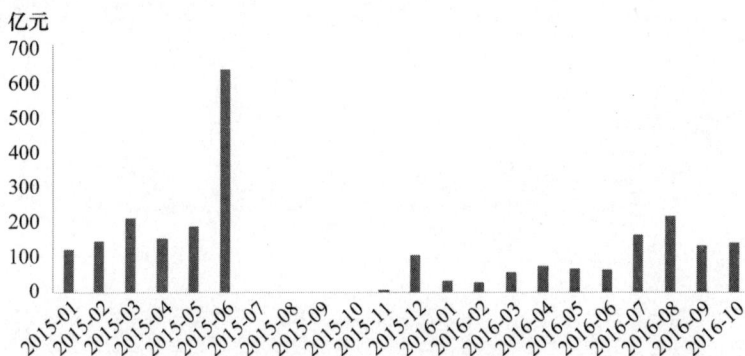

图 27　IPO 总融资额变化

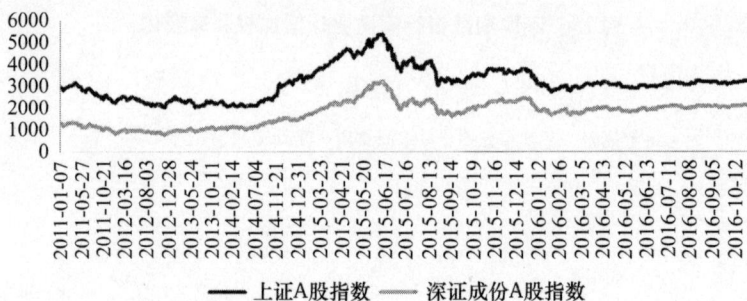

——上证A股指数 ——深证成份A股指数

图 28　上证指数 3000 点徘徊

五　债务规模快速扩张,违约风险叠加资本流出风险凸显,系统性风险概率有所上升

2016 年以来,债券市场信用风险加快释放,违约事件爆发的频率远远超过同期水平;与此同时,房地产市场价格分化,一、二线城市销售价格持续上扬,局部泡沫不断酝酿;而汇率的短期波动加强,资本外流的压力有增无减;此外,传统行业的调整依然艰难,企业的经营转型面临多种压力,这将进一步影响对债务的偿还能力,通过违约影响市场主体信心,加大金融系统性风险。而从 2016 年来的情况来看,随着货币投资总量的激增,在资金"脱实就虚"日益严重的情况下,资金流动表现为不同类型的资产泡沫,过去几年,从 2010 年至 2011 年的温州和鄂尔多斯

民间借贷危机，到 2011—2012 年的"城投债"危机，到 2013 年年终的流动性危机"同业拆借利率飙升"，到 2014 年的"超日债"等公司债危机，再到 2015 年上半年的"天威债"危机、年中的"大股灾"和下半年的汇率恐慌等，说明中国风险在不断积聚。

（一）债务规模快速扩张，结构性风险突出，各类违约频出，金融市场风险不断放大

随着经济形势和发展阶段的变化，我国债务总规模呈现快速扩张的态势，总体杠杆率经历了危机前略有降低，之后快速攀升的态势，总体债务水平适中，但结构性问题突出，非金融企业部门债务水平较高。根据国际清算银行的数据，2016 年一季度，我国总体杠杆率为 254.9%，比 2008 年的 147% 上升了 107.9 个百分点。与世界主要国家相比，虽然低于日本、英国、加拿大，但已超过美国、韩国，也高于同等发展水平国家。其中非金融部门杠杆率 169.1%，远高于 95% 的世界平均水平、106.4% 的新兴市场国家平均水平和发达国家平均水平。政府部门和居民部门的债务率分别为 45.2% 和 40.7%。总体来看，我国总债务水平适中，但结构性问题突出，主要是非金融企业部门的杠杆率过高。

然而，在债务规模攀升，我国经济增长下行压力不减，产能结构调整、需求疲弱以及劳动力等生产要素成本不断上升的背景下，实体经济生产经营状况持续低迷、盈利不佳，加上债务高且资金紧张，导致企业资金链断裂风险上升。部分企业的债务风险已经爆发出来，无论是银行贷款、信托贷款还是债券市场，均有违约事件的发生。

以债券市场为例，近两年债券市场发行量呈现井喷式增长，信用风险随之不断累积。2016 年初，随着监管政策的放松，债券市场发行规模延续 2015 年的持续攀升态势，债券发行量和发行只数均保持高位增长。3 月、4 月、5 月，债券发行量和发行只数

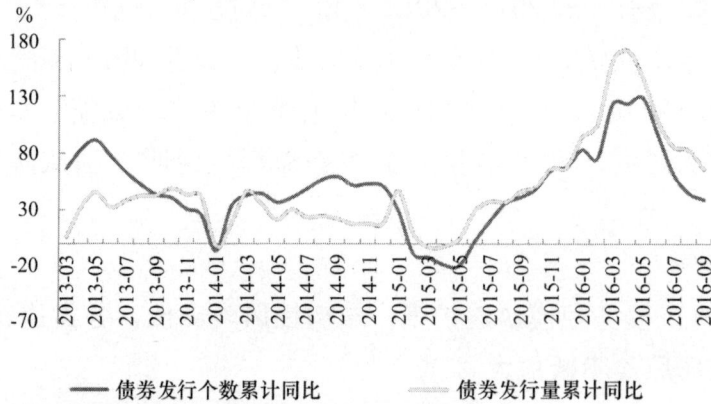

图 29 债券发行持续高位增长

累计同比均保持在 120% 以上，债券发行量同比增长更是达到了
170.43% 的历史高位；下半年以来，虽然二者同比增长有所放
缓，但仍保持在 39% 以上的增长。随着债券的井喷式增长，债券
融资已成为社会融资中仅次于人民币贷款的第二大融资方式。
2016 年 1—9 月，债券融资在社会融资中的比重由上年同期的
15.5% 上升至 19.4%，提高了 3.9 个百分点。

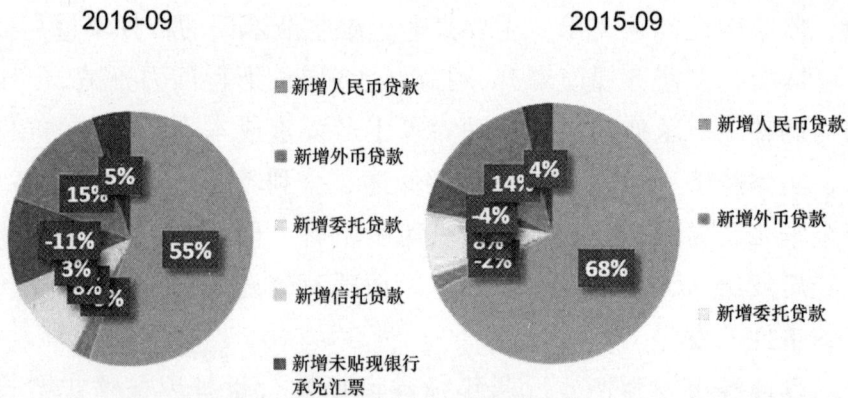

图 30 社会融资中债券融资占比大幅提升

2016 年以来债券市场已经发生至少 43 只债券违约，其中公募市场 19 只，私募市场曝出的有 24 只，债券违约规模接近 250亿元，相当于 2015 年全年违约规模的三倍。

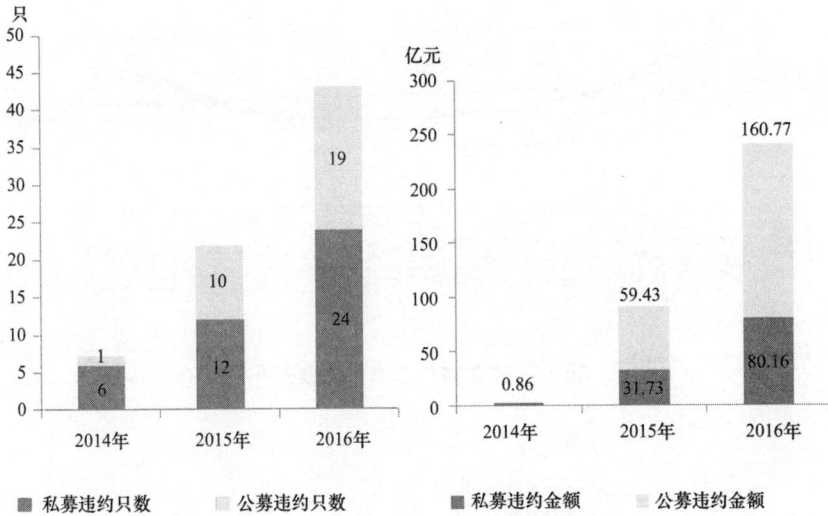

图 31 债券市场违约风险加速爆发

从"超日债"违约到"天威债"违约，再到 2016 年"东特钢"不能到期兑付以及中铁物流事件，均说明企业信用风险不断加剧，从沿海经济发展的中西部地区，从小微企业向大中型企业、国企蔓延的迹象演变，从传统过剩行业到上游行业，这种信用风险不断加剧的情况都呈现逐渐蔓延的态势。

（二）人民币汇率短期波动、双向波动加大，国际资本流出压力有增无减

2014 年以来，由于汇率的供求基础已经从对外贸易的高速增长和金融与资本账户的双顺差，转变为贸易衰退式顺差、资本项目对外投资为主的双向流动，人民币汇率形成机制更为市场化，参考一篮子货币因素增强，双向波动幅度加大。从走势来看，人民币汇率的短期波动和双向波动明显增强，2016 年年初人民币兑

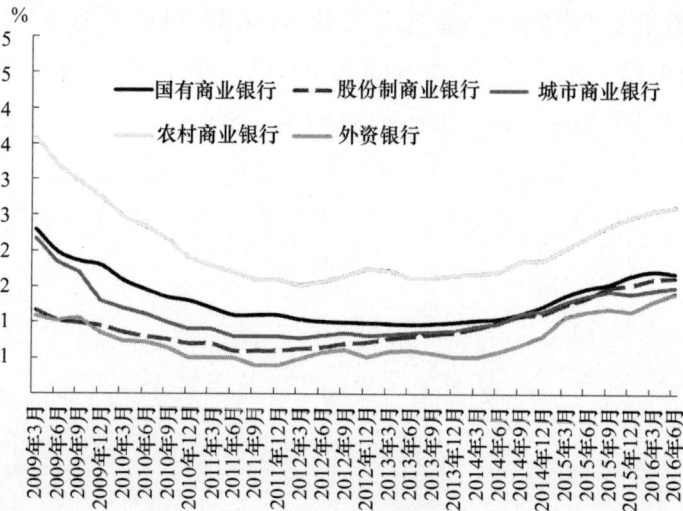

图 32 商业银行不良率持续攀升

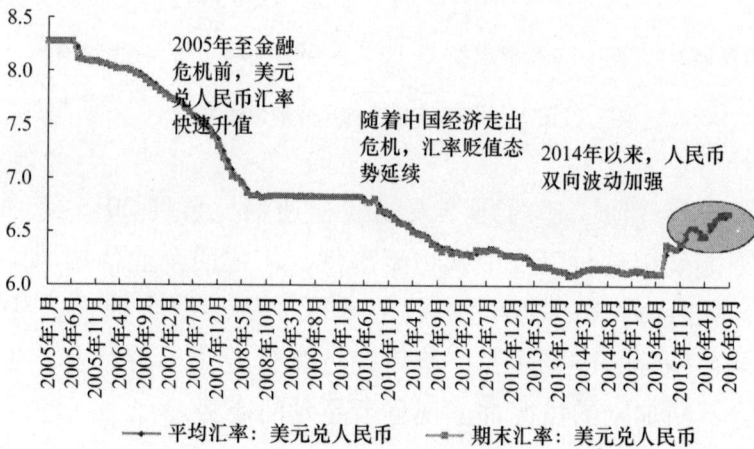

图 33 人民币对美元汇率双向波动和短期波动加大，近期贬值压力加大

美元汇率走势延续了 2015 年 8 月以来的快速贬值趋势，① 1 月美

————————

① 2016 年 1 月 4 日，在岸人民币兑美元短短 47 分钟内跌 140 余点，日内跌幅扩大至 300 点，收于 6.5172；离岸人民币跌至 6.6213，日内下跌 517 点，在岸、离岸价差约为 1100 点。

元兑人民币平均价从上年年底的 6.4476 快速贬值到 6.5572，当月贬值幅度达到 1.6%；2 月以来随着监管机构的干预和市场预期的变化，人民币汇率走势有所企稳，美元兑人民币汇率中间价在 3 月和 4 月总体呈现小幅升值的迹象；5 月以来，随着英国脱欧、美国加息预期变化等冲击影响，美元兑人民币汇率走势又呈现快速贬值趋势，5 月、6 月、7 月三个月的平均汇率分别为 6.5315、6.5874、6.6774；累计贬值超过 3%；随着人民币变化基本面特征的阶段性变化以及监管政策的趋严，[①] 8 月人民币总体呈现小幅升值状态；9 月，随着美元短期走强等影响，人民币贬值压力加大，当月美元兑人民币平均汇率为 6.6715；参考 BIS 货币篮子和 SDR 货币篮子的人民币汇率指数也基本呈现相同变化趋势；总体来看，前三季度人民币汇率走势双向波动和短期波动均有所加强。

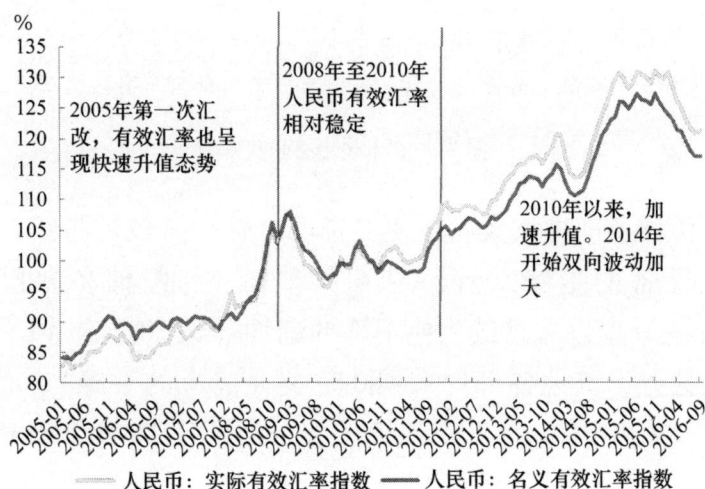

图 34　人民币有效汇率走势

---

① 中国外汇交易中心宣布自 2016 年 8 月 15 日起，对在境外与客户开展客远期售汇业务的境外金融机构收取外汇风险准备金，准备金率为 20%，准备金利率为零，防范资本的大额流出和跨境套利行为。

随着我国资本项目的放开，跨境资本流动的阶段性特征已发生改变，由原来的净流入转变为流入、流出更为频繁；从资本项目来看，1—9月份中国外商投资增速仅为4.2%，并较上半年回落0.9个百分点；同期，中国非金融类对外直接投资增速高达53.7%，比2015年14.7%的增速大幅提高近40个百分点，仅非金融类对外直接投资和外商直接投资带来的资本流出累计达到400亿美元。

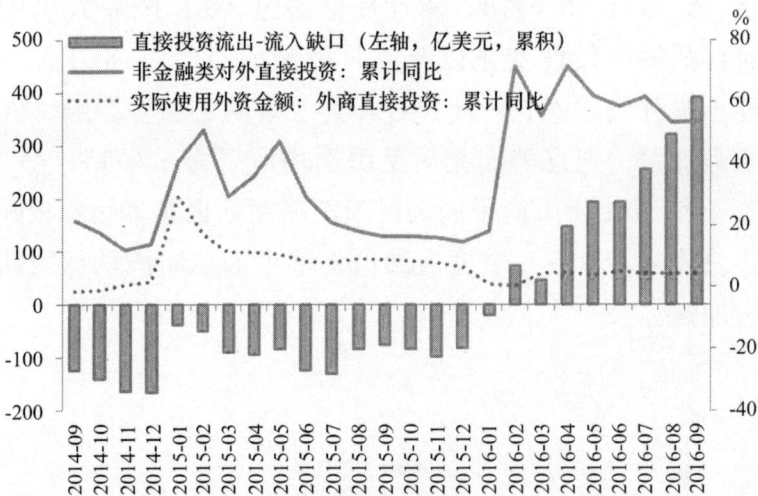

图35　资本走出去步伐加快

外汇储备双向波动特征更是证明了这一阶段性特征。从2016年外汇储备的走势来看，2016年年初，外汇储备并没有延续2015年三季度以来持续大幅下降的趋势（除2015年10月出现单月上升之外，其他各月均有400亿美元以上的下降），而是呈现双边波动特征。[①] 1月下降规模较大，但从2016年2月以来，外

_____

① 我们认为，外汇储备相对稳定的原因，一方面与世界经济复苏乏力的情况下，全球缺乏好的投资标的有关；近期，英国脱欧、英国降息以及日本货币放宽，一方面推动了欧元、日元等主要货币的贬值，另一方面在一定程度上降低了海外资产的吸引力。相对而言，中国经济依然处于筑底前行中，国内基本面相对比较稳定，外汇储备和人民币汇率走势均呈现一定程度的企稳。

汇储备规模一直在3.2万亿美元上下波动。随着人民币贬值压力加大，8、9月外汇储备连续小幅下降。四季度，随着美国大选黑天鹅事件的冲击、国际资本短周期调整以及事件各国经济政策的调整，比如美国加息概率增强，人民币汇率大幅下滑和资本流出的压力仍持续存在。

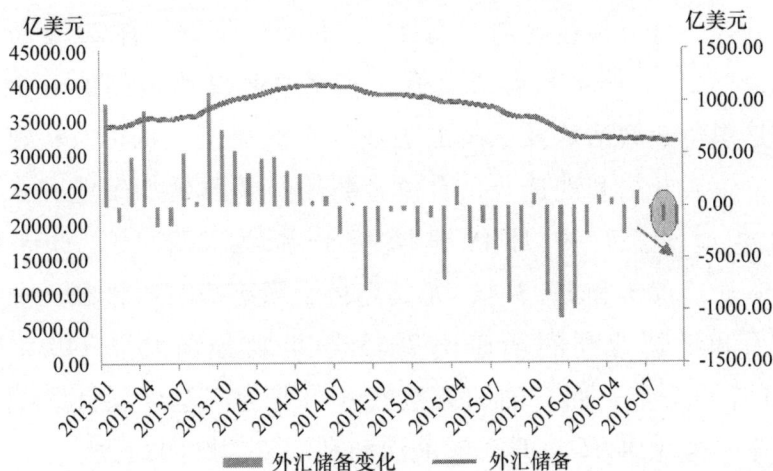

图36　外汇储备近期下降趋势

六　从效益情况来看，工业企业利润增长由负转正并持续增长，政府公共财政收入和基金性收入增长有所改善

（一）工业企业利润增长由负转正并持续增长

2016年从工业企业的指标来看，企业的经营状况有明显改善。

第一，2016年以来，工业企业主营业务收入和利润总额增速持续提高。1—9月，工业企业主营业务收入累计同比增长3.7%，比上半年增速高0.6个百分点，比2015年同期增速1.2%有显著提升。工业企业利润总额累计同比增长8.4%，比上半年增速提高2.2个百分点，也远好于2015年同期的负增长

1.7%，企业利润持续好转。

第二，分大类产业看，制造业企业利润增速大幅回升是 2016 年工业企业利润增速回升转正的主要因素。1—9 月，制造业利润总额同比增长 13.5%，比 2015 年年底提高 10.7 个百分点，采矿业与电力、热力、燃气及水的生产和供应业的利润总额同比增速分别为 −62.1% 和 −3.6%，分别比 2015 年底下降 3.9 个和 17.1 个百分点。分具体行业看，在 41 个工业行业中，有 22 个行业利润增速比 2015 年年底有所上升，利润总额增速最高的五个行业分别是黑色金属冶炼及压延加工业，石油加工、炼焦及核燃料加工业，煤炭开采和洗选业，有色金属冶炼及压延加工业和水的生产和供应业，1—9 月利润增长分别为 272.4%、263.8%、65.1%、33.2% 和 19.3%，尤其黑色金属冶炼及压延加工业和煤炭开采和洗选业利润增速比 2015 年年底分别大涨 340.3 个和 130.1 个百分点，而石油和天然气开采业为三季度累计跌幅最大的行业，为 −144%，开采辅助活动利润总额跌幅最大。

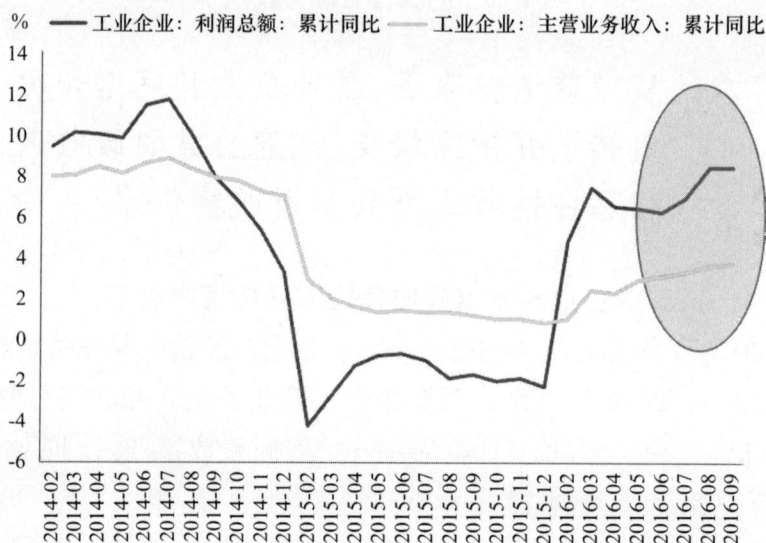

图37   工业企业利润和营业收入均有所改善

　　第三，工业企业亏损企业数量和企业亏损总额显著下降。1—8月，工业企业亏损企业数量同比上升1.1%，比2015年同期13.6%的增速有明显回落；与此同时，亏损企业的亏损额同比下降3.1%，为2014年以来企业亏损额首次变化，即由增加转为减少。

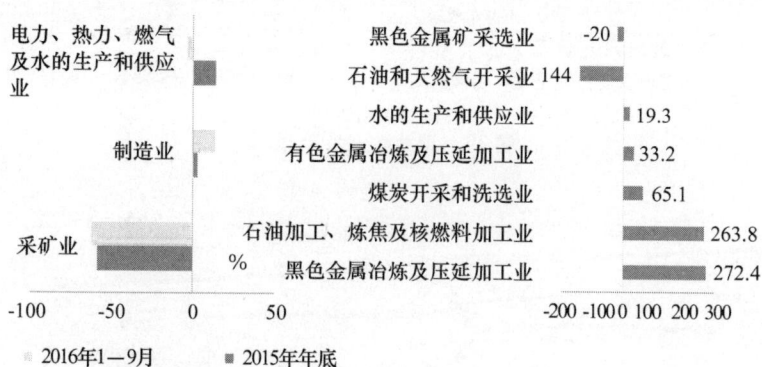

图38　制造业增速大幅回升带来整体工业企业利润总额增幅上升

　　第四，从不同性质的企业来看，国有控股企业和私营企业的营业收入和利润总额均有不同程度的小幅改善，国有控股工业企业利润总额增速实现两年来首次转正。前三季度，国有控股工业企业主营业务收入累计同比下降2.7%，跌幅比上半年−4.6%有所收窄，比2015年同期跌幅8.7%有明显好转，私营工业企业主营业务收入的增幅相对保持平稳。2016年1—8月，私营工业企业主营业务收入累计同比增长6.6%；国有控股工业企业利润总额持续好转，上半年跌幅为−8%，之后连续收窄，前三季度增速由负转正，同比增长2.6%，为2014年10月以来首次转正，远好于2015年同期−24.4%的跌幅。私营企业的利润总额指标表现显著优于国有企业，下滑趋势也较小。2016年1—8月，私营工业企业利润总额增长为8.4%，比2015年同期高1.1个百分点，但比上半年增速下降0.4个百分点。

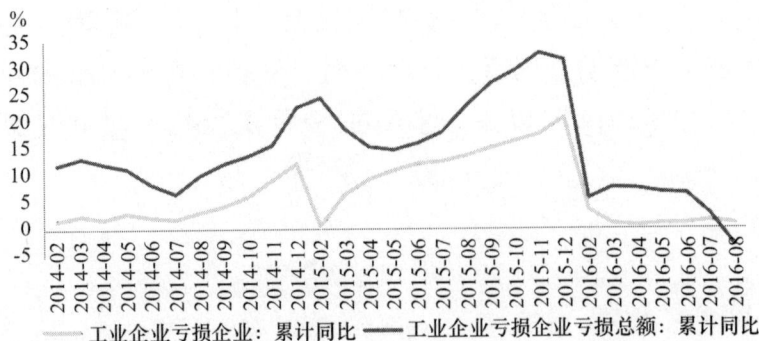

图39 工业企业亏损情况

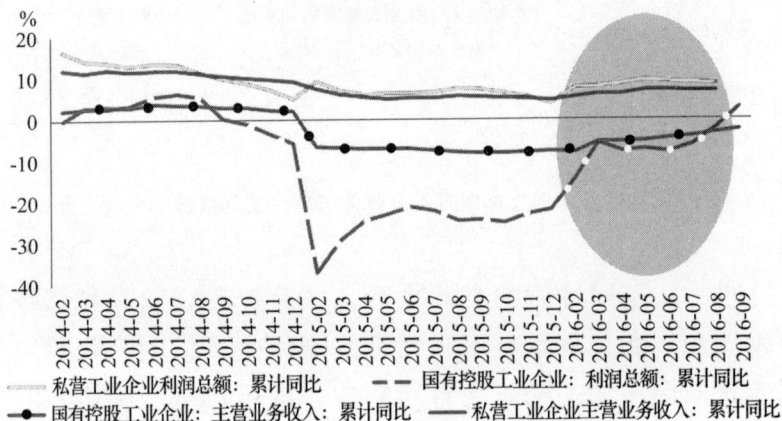

图40 国有企业与私营企业主营业务收入和利润总额增长变化趋势

（二）政府公共财政收入和基金性收入增长有所改善，土地和房地产相关税收增速较快

2016 年公共财政收入保持较快增长，尽管增长趋势有所放缓，由于房地产市场的复苏，使得土地与房地产相关的税收收入和基金收入增长较快，整体带动了财政收入的增长。前三季度，全国一般公共预算收入 121400 亿元，同比增长 5.9%，一、二季度分别为 6.5% 和 7.1%，财政收入增速有所下滑，比 2015 年同期和 2015 年年底分别下降 1.7 个和 2.5 个百分点；地方一般公共预算收入增速快于中央一般公共预算收入，前三季度中央一般公共预算收入 54628 亿元，同比增长 4.4%，地方一般公共预算本级收入 66772 亿元，同比增长 7.2%，但地方一般公共预算收入增速慢于中央一般公共预算收入的增速，地方和中央一般公共预算收入累计增速从一季度的 10.4% 和 1.2% 分别下降、上涨到三季度的 7.2% 和 4.4%。

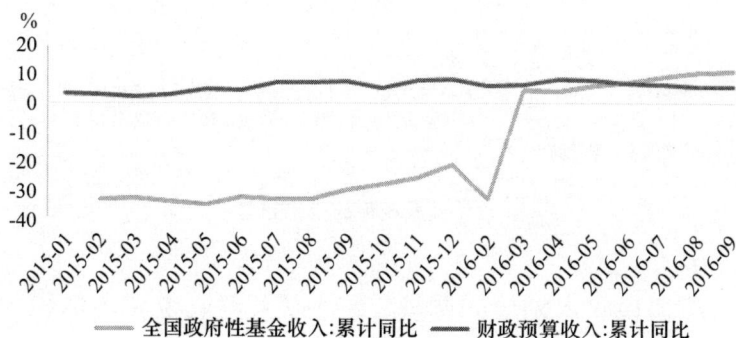

图41 政府性基金收入同比大幅改善

2016 年以来，全国政府性基金收入增长较快。1—9 月，全国政府性基金收入 29777 亿元，同比增长 11.3%，比上年同期和上年年底分别增长 41.8% 和 33.1%。其中，中央政府性基金收入 3294 亿元，同比增长 6.6%，地方政府性基金本级收入 26483 亿元，同比增长 11.9%，其中国有土地使用权出让收入 23306 亿元，同比增长 14%，比上年同期和上年年底分别大幅度上涨 48.7% 和 35.4%。

2016 年税收收入增长幅度较快。1—9 月，税收收入同比增长 6.6%，比上年同期和上年全年分别提高 2.3 个和 1.8 个百分点。2016 年我国财政领域中最重要的改革是营改增试点，2016 年 5 月 1 日起，我国在全国范围内开始全面推开营业税改征增值税试点，建筑业、房地产业、金融业、生活服务业等全部营业税纳税人，被纳入试点范围，由缴纳营业税改为缴纳增值税，受到营改增试点后中

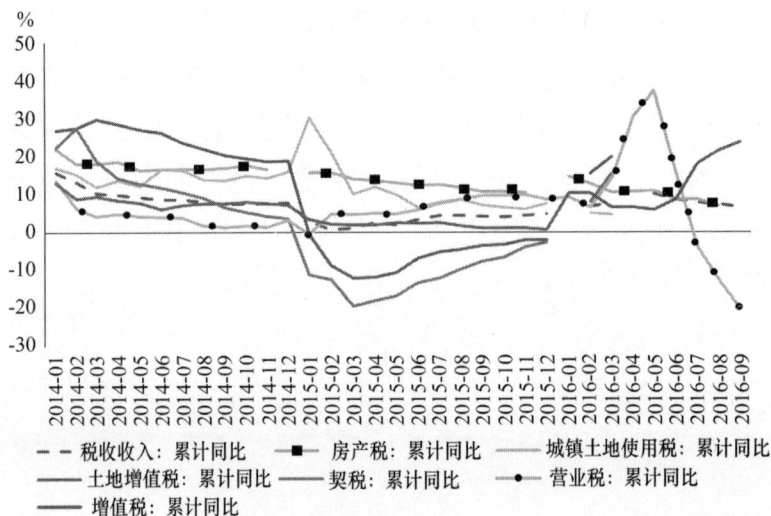

图42　主要税种的变化趋势

央与地方增值税收入划分的调整，6月以来营业税和增值税税收收入发生巨大变化，1—9月营业税收入为11405亿元，同比下降20.4%，1—9月增值税收入为28014亿元，同比增长23.8%。此外，受房地产市场复苏以及部分地区房地产销售增长较快的影响，2016年以来与土地和房地产相关的收入增长明显。土地和房地产相关税收中，1—9月，契税3158亿元，同比增长11.7%，土地增值税3280亿元，同比增长13.7%，房产税1561亿元，同比增长4.9%，城镇土地使用税1620亿元，同比增长3.4%。

（三）居民收入增长稳中有降，城乡居民收入差距略有扩大

2016年以来，我国居民收入增长有所下降。2016年三季度，城镇居民人均可支配收入增长为7.8%，分别比去年同期和今年年初的8.4%和8.2%下降1.6个和1.4个百分点。1—9月，全国居民人均可支配收入为8.4%，呈缓慢下降趋势，比上年同期的9.2%下降了0.8个百分点。尽管居民收入增速有所下滑，但依然超过GDP的增速。2016年三季度，城镇居民人均可支配收入增长超过GDP增速1.1个百分点。城乡居民收入差距略有扩大，2016 年三季度，城镇居民人均可支配收入为 25337 元，农村居民人均可支配收入为 8998 元，城乡收入比为 2.82，比 2013 年 3 月的 2.51 增加 0.31。

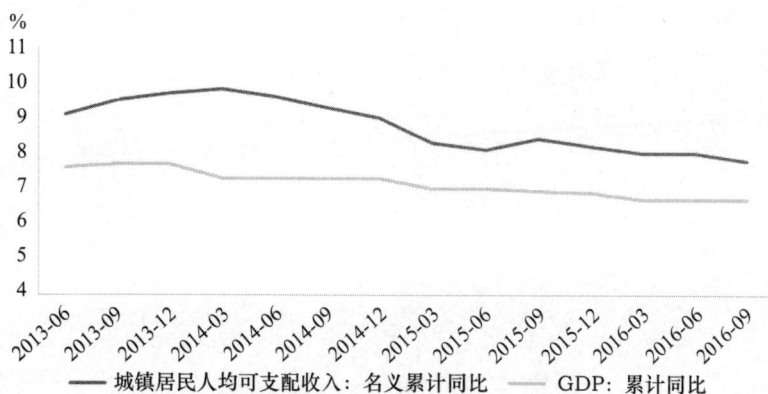

图 43　居民收入增速超过 GDP 增速

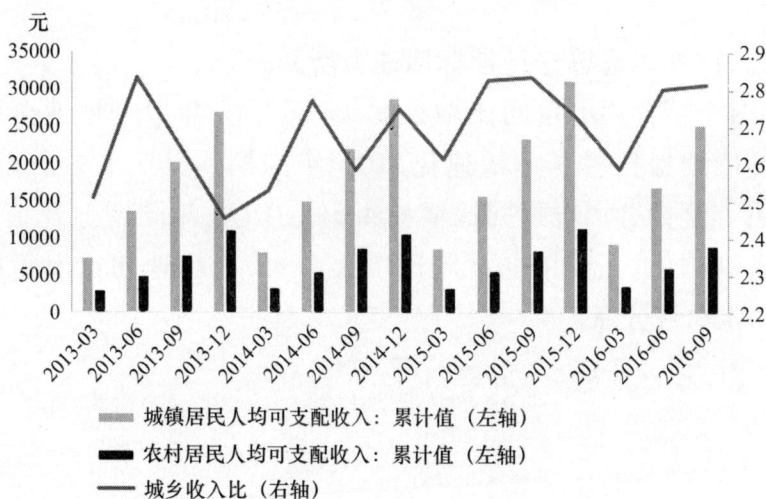

图 44　城乡收入比变化趋势

七　各类景气指标有所改善，先行指标有所回升

（一）宏观景气指标进一步改善

从宏观经济景气指数来看，8 月份宏观经济一致指标和先行

指标分别为 94.23 和 99.13，均比上月进一步提升，说明未来一段时间经济底部企稳的迹象有望延续。

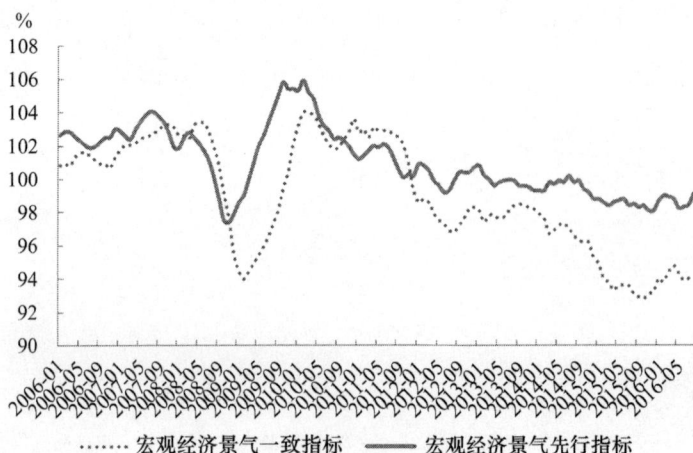

图45   宏观经济景气一致指标和先行指标均有所改善

（二）发电量等先行指标增速有所回升

9 月全社会用电量同比增长 6.9％，2016 年以来增速全面转正并且持续保持增长，增速比 2015 年同期回升 7.1 个百分点。1—9 月，全社会用电量同比增长 4.5％，比去年同期上升 3.7 个百分点。9 月，工业用电量同比增长 1.4％，增速同比上年同期回升 4.3 个百分点。

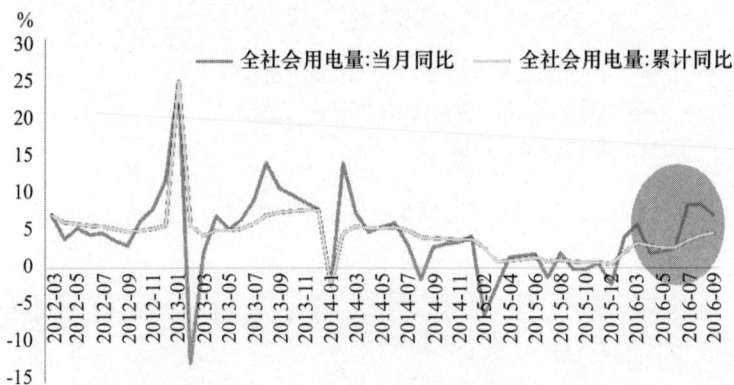

图46   全社会用电量变化趋势

8月，全国铁路货物发送量同比增长1%，自2013年9月以来首现正增长。根据中国铁路总公司官网的数据，9月，国家铁路货运发送量日均完成758万吨，同比增长4.9%。全路日均装车126644车，同比增长10.2%，为5月以来连续第5个月实现同比增长。其中，9月23日至25日全路连续3天装车达到13万车以上，为2016年以来的最好水平，也是2014年12月以来全路单日装车首次回到13万车水平。作为直接反映全社会物资流动程度的指标，铁路货运量指标的回升，从一定程度说明经济有企稳迹象。

（三）中采PMI和财新PMI走势也有所回升

9月，中国制造业采购经理指数（PMI）为50.4%，财新中国制造业采购经理人指数（PMI）为50.1%，均高于50%的荣枯分界线，自3月以来，中采PMI指数持续运行在50%荣枯线以上，7月份略有下降为49.9%，8月和9月回升至50.4%，提高0.5个百分点。

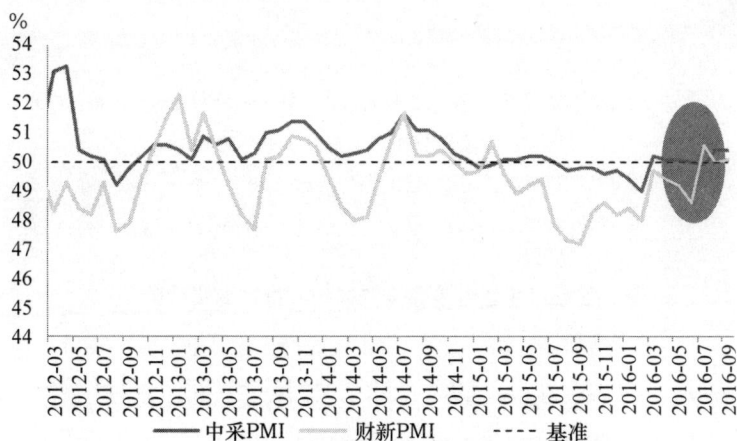

图47　中采PMI和财新PMI走势有所改善

非制造业商务活动指数也持续在53%以上的景气区间运行，并于9月出现小幅提升，财新PMI指数也快速上行至50%的荣枯线以上。这些变化说明制造业和非制造的景气程度均有所改善。

（四）各类信心指数有明显好转

从各类微观主体信心指数来看，经济有好转趋势。居民未来收入信心指数、企业家信心指数以及银行家宏观经济信心指数三大信心指数表示各类微观主体对宏观经济信心持改善态度，如中国人民银行发布的企业家信心指数，9月为51.2，比3月的43.7有大幅度提升，银行家宏观经济信心指数自2015年12月开始攀升，从37.9上升到9月的46.5，这些数据从一定程度上说明微观主体认为企业运行有一定的改善，经济有筑底企稳的迹象。

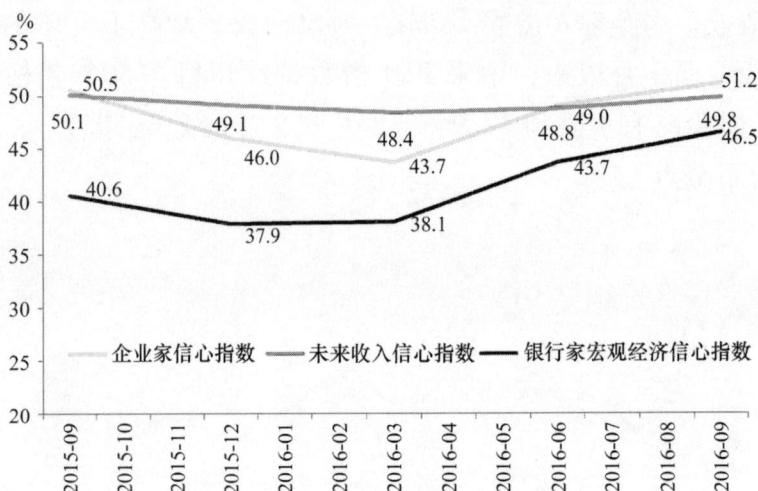

图48　中国经济微观主体信心指数变化趋势

八　"三去一降一补"有所进展，结构性改革力度低于预期

（一）去产能有所推进，进展由上半年的缓慢转变为明显加快

去产能是2016年经济工作的重要目标之一，根据国务院的

《关于煤炭行业化解过剩产能实现脱困发展的意见》《关于钢铁行业化解过剩产能实现脱困发展的意见》等文件，未来3—5年煤炭行业退出产能5亿吨左右、减量重组5亿吨左右，用5年时间再压减粗钢产能1亿—1.5亿吨。从实际情况来看，年初以来，随着基础设施项目落地和房地产投资的反弹，加之前期去产能的推动，包括煤炭、钢铁等黑色系的大宗商品价格反弹明显，上半年过剩行业被动去产能放缓，下半年以来，在政策推动等因素影响下，去产能进程明显加快。

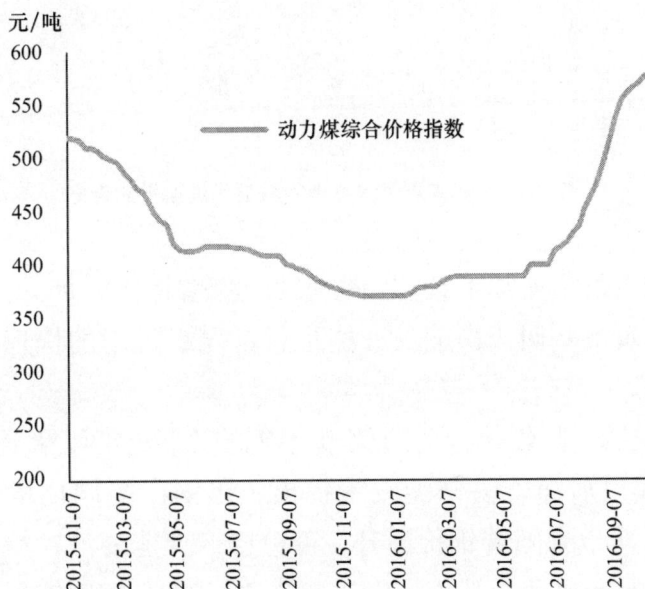

图49　动力煤综合价格指数持续攀升

从煤炭行业来看，煤炭行业去产能进程先松后紧，上半年煤炭行业仅完成全年任务的29%；下半年以来，去产能进度大幅加快，但依然略低于预期，7月底，去产能完成了38%，截止到8月底，完成了60%，累计退出产能1.5亿吨。从需求端来看，随着煤炭产量出现大幅下降，炼焦煤供需缺口和动力煤供需缺口扩大，而下游电厂和钢企库存在三季度达到低点，对煤炭增产要求

- - - - - 煤炭供求平衡指数

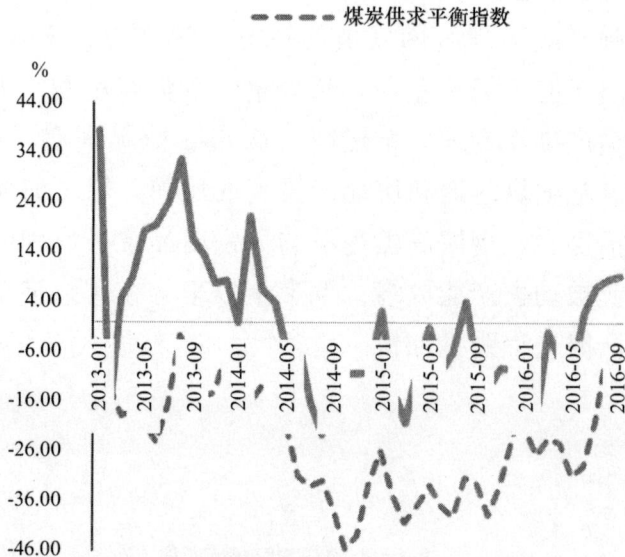

图 50   我国煤炭供求平衡指数显示近期需求走好

迫切，煤炭价格连续上扬。[1] 四季度，稳增长压力加大，限煤价、保供应的政策基调或影响去产能进行，煤炭价格的快速上涨或将有所抑制。

从钢铁行业来看，全国钢铁产能自 2008 年以来逐年增多，但 2012 年以后随着去产能政策提出，粗钢产能同比增速明显下降。2016 年以来随着钢价回升，部分停产产能复产，粗钢等产量同比增长有所改善。从去产能进程来看，2016 年钢铁行业去产能目标任务是 4500 万吨，上半年我国钢铁去产能 1300 多万吨，完成 2016 年的目标任务 30% 左右，前 7 个月完成 45% 左右，进程低于预期。从总体上看，钢铁行业供大于求的态势并没有改变，

---

[1]   四季度，在稳增长、保供给的前提下，为稳定煤炭供应、抑制煤价过快上涨，发改委先后启动了预案二级、一级响应，并将煤炭产能释放主体增至三类，增产范围增至全国 1503 座煤矿。在增产范围扩展到 789 座煤矿后，预计会使得煤炭供给有效扩大，煤价涨势大概率减缓。

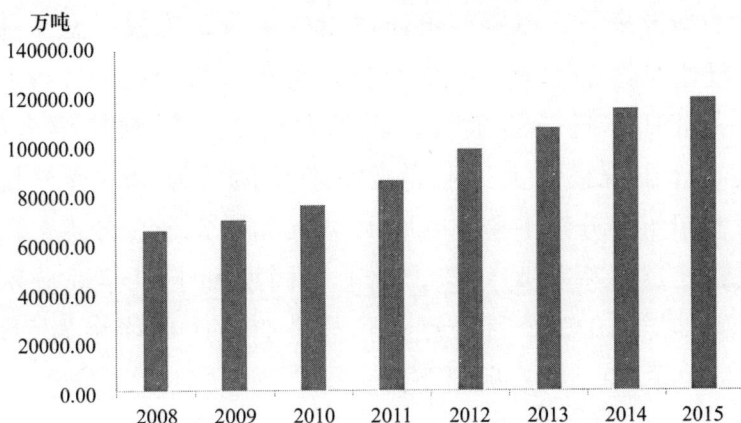

图 51　2008—2015 年粗钢产能持续增加

1—9 月，全国粗钢产量 4 亿吨，同比下降 1.1%。但从需求角度看，粗钢消费量持续下降，市场需求并没有明显好转。而反映供需的价格的波动变化，更多的是由于连续四年下跌，企业亏损严重导致普遍停产、限产改善了供需关系。

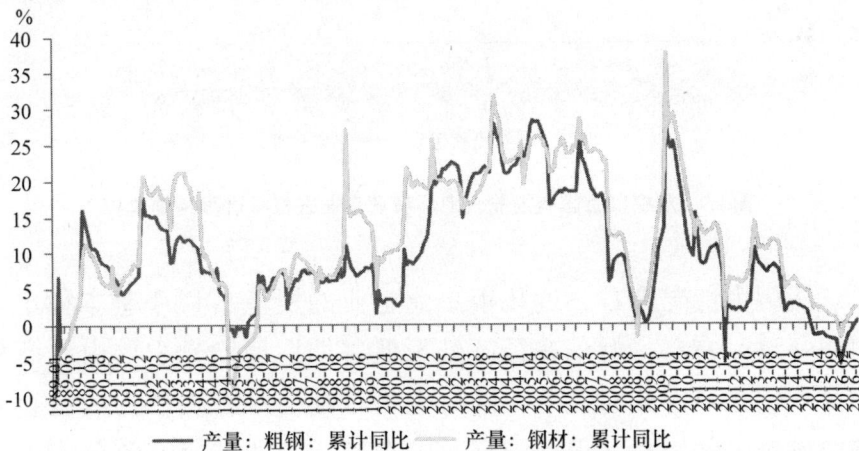

图 52　2016 年以来粗钢产量增长由负转正

（二）去杠杆呈现分化态势，国有及国有控股企业持续加杠杆，私营经济持续去杠杆

去杠杆是 2015 年 10 月供给侧改革的五大任务之一，从 2016

年以来的情况来看，以资产负债率指标来看，规模以上工业企业
总体杠杆水平微幅下降，但是国有企业和私营企业去杠杆态势不
一，前者杠杆率进一步上升，而私营经济部门则持续去杠杆。
1—8 月，全国规模以上工业企业资产负债率为 56.4%，比上年
同期和上年年底分别下降 0.4 个百分点和 0.2 个百分点；国有控
股企业资产负债率为 61.6%，比上年同期和上年年底分别上升
0.3 个百分点和 0.2 个百分点；私营企业资产负债率为 51.6%，
比上年同期的 52.5% 有明显下降。

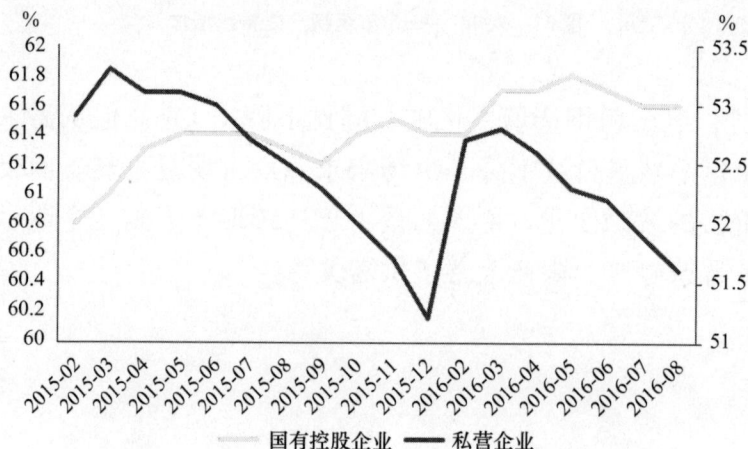

图 53　规模以上国有控股企业和私营企业去杠杆进程持续差异

从历史情况来看，近几年工业企业的资产负债率基本稳定在
47%—58% 左右，但是在经济处于低谷期，稳增长主要由政府相
对可控但是效率相对低下、同时也负有社会维稳责任的国有企业
部门投资来保增长，因此国有及国有控股企业的资产负债率由金
融危机之前的 56% 左右上升至目前的 60% 以上；私营经济并没
有很深的介入政府主导的逆周期调控，基本上是顺应了经济的自
然周期进行债务收缩，因此资产负债率由危机前的 58% 左右下降
至目前的 51% 左右。

（三）传统行业过剩与局部供给不足持续存在，过剩行业中传统制造业调整仍是个艰难的过程，行业生产经营面临转型压力加大

随着我国经济发展进入新常态，原有的制度红利和人口红利渐失、劳动力成本不断攀升、资源环境发展约束不断增强，而生产领域的大面积过剩与部分领域（尤其是服务业领域）的供给长期不足等结构性矛盾持续存在。2016年以来，虽然去产能持续进行并有所进展，但整体调整依然是一个漫长的过程。当前，我国水泥、粗钢的产能利用率均不足70%，平板玻璃、电解铝等行业的产能利用率在68%、79%左右。与此同时，部分领域比如医疗、基础设施等仍然存在供给不足。以医疗为例，随着人口老龄化、城镇化水平的提高、生活方式的改变、财富的增长以及全民医保制度的推进，医疗服务需求增长飞速，但供给的增长步伐并未与之匹配，表现为总量供给不足、结构性失衡等，从而导致医患关系恶化。如以每千人口医生数和每千人口床位数指标来看，中国每千人口医生数仅为1.9，每千人口床位数为2.9，远落后于美国、日本等其他国家。

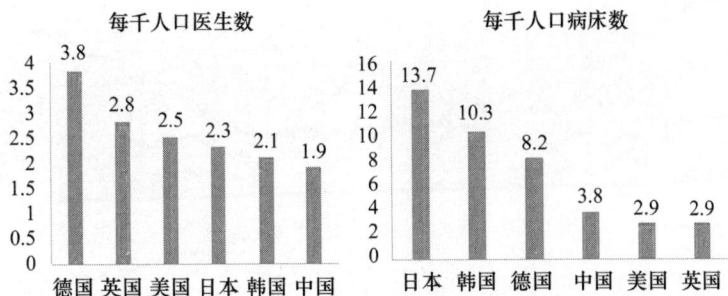

每千人口医生数　　　　　每千人口病床数

图54　当前每千人口医生数和每千人口病床数的国际比较

与此同时，实体企业经营仍面临多种压力。2016年以来在去产能、国际大宗商品价格波动反弹等多种因素作用下，生产领域的通缩不断缓解，消费领域与生产领域的涨跌背离程度有所收窄，CPI 与 PPI 的剪刀差明显缩小，但依然高于 2012 年以来的均值，处于近几年的高位水平。这种现象说明，价格传导机制依然不通畅，在一定程度影响企业的盈利能力。上游劳动力成本的上升不能向下游产品转移，终端消费需求很难拉动生产领域需求，最终必然带来企业盈利下降。另一方面，社会资金被地方融资平台、过剩产能行业等资金黑洞挤占，而企业盈利状况虽有改善，但资金紧张的矛盾不断加剧。从实际情况来看，企业资金周转与销货款回笼状况在近几个月有所改善，但依然处于近几年的低位。三季度二者分别为 53.4% 和 57.3%，前者与上年同期持平，后者则回落 0.1 个百分点。

价格传导机制不顺畅带来上游成本无法向下游转移，盈利不佳加上资金紧张导致企业资金链断裂风险上升，企业因此破产的事件屡屡发生，众多违约事件都说明了企业信用风险不断加剧。从具体行业来看，目前，资产负债率在 55% 以上的行业占比接近 50%，其中房地产、公用事业、钢铁、化工、通信等行业杠杆率较高。偏高的资产负债率加剧其信用风险，以采掘业、钢铁业等

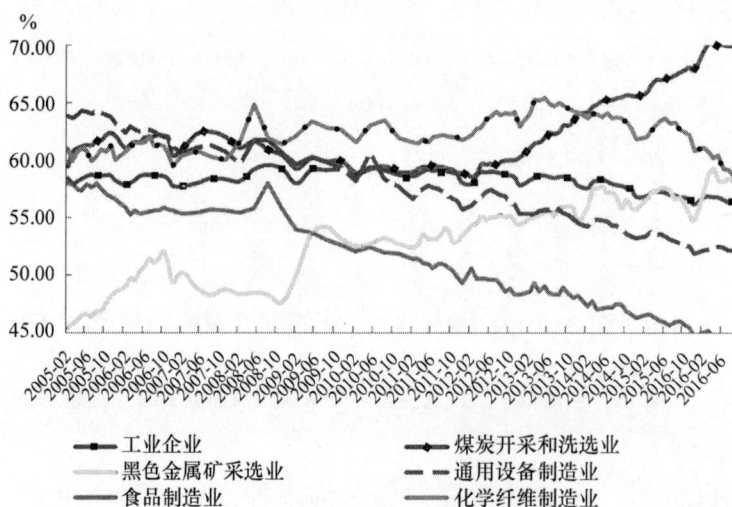

图 55　工业企业资产负债率走势分化

中上游行业为例，受制于产能过剩，需求难以明显改善，其短期盈利能力回升的难度很大，盈利水平受限，在行业未走出周期性谷底之前，信用风险将难以降低。

与此同时，企业经营困难和房地产市场调整，危及银行等金融系统稳定，银行贷款坏账率持续上升、影子银行风险增加，商业银行不良资产和不良贷款比例均有所上升。伴随着供给侧结构性改革的推进，过剩产能不断出清，当前的信用风险暴露还只是开始，未来违约事件或将加快发生。

（四）降成本持续进行，企业融资成本有所下行，但总体税负依然较高

随着最近一轮降准、降息以及一系列降低企业融资成本政策的实施，全社会广义利率水平总体保持下行态势，企业融资成本有所下降。9月，温州民间融资综合利率为16.65%，P2P网贷行业综合利率为9.83%，分别比上年同期回落2.2个和2.8个百分点，比上年年底回落2.06个和2.62个百分点；银行理财产品平均预期年化收益率为3.76%，比上年同期和年底分别下降0.9个和0.59个百分点。与此同时，企业发债的成本也有所回落，5年期AAA公司债月度平均发行利率为3.28%，分别比上年同期和上年年底回落0.73个百分点和0.5个百分点，3年期AAA中期票据月度平均发行利率为3.24%，分别比上年同期和上年年底下降0.9个百分点和0.41个百分点；6月，金融机构一般贷款加权平均利率为5.58%，比上年同期和上年年底分别低了0.88个百分点和0.06个百分点。随着利率中枢的下移，工业企业的利息支出也有所减少，1—7月，全国工业企业利息支出同比下滑8.4%，比上年同期少支出利息624亿元。

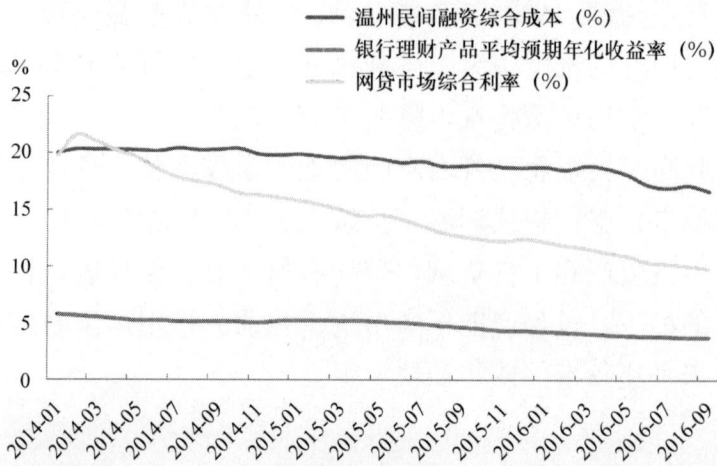

温州民间融资综合成本（%）
银行理财产品平均预期年化收益率（%）
网贷市场综合利率（%）

图 56　温州民间融资综合成本、理财产品以及网贷市场综合利率总体有所下行

表 3　　　　　　　　　　企业发债成本有所下移　　　　（发行利率，单位:%）

年	月份	公司债		中期票据	
		5 年期 AAA 级	3 年期 AA 级	3 年期 AAA 级	3 年期 AA 级
2015	1	4.70	7.23	5.19	6.61
	2	—	—	4.47	6.36
	3	—	5.07	4.87	6.35
	4	—	5.72	4.75	6.38
	5	—	5.45	4.37	6.20
	6	4.59	5.03	4.33	5.64
	7	5.07	5.33	4.53	5.95
	8	4.17	5.40	4.14	5.45
	9	4.01	6.09	4.14	4.99
	10	3.95	5.28	3.83	5.77
	11	4.02	5.90	3.85	5.58
	12	3.78	5.68	3.65	4.99

续表

年	月份	公司债		中期票据	
		5 年期 AAA 级	3 年期 AA 级	3 年期 AAA 级	3 年期 AA 级
2016	1	3.31	5.81	3.60	4.97
	2	2.94	5.60	3.13	4.72
	3	3.47	4.60	3.38	5.39
	4	4.06	4.95	3.52	5.78
	5	3.69	4.92	3.48	5.60
	6	3.27	5.25	3.66	5.82
	7	3.90	4.76	3.40	5.70
	8	3.29	4.36	3.28	5.28
	9	3.28	4.44	3.24	5.29

注：一表示当月该券种没有发行新债。

从宏观层次来看，多次降息以来，名义基准利率下行 1.25 个百分点，小于同期工业品出厂价格指数 PPI 的 2 个百分点的降幅，企业所感知的真实利率水平仍然在持续上升，而小微企业所面临的真实利率还要高得多。全社会利率中枢有所下移，企业实际融资成本的下降，说明降成本政策有一定的效果，但是从企业的总体成本以及宏观税负指标来看，"降成本"效果有所折扣，工业企业的利息支出虽然有所减少，但是管理费用等其他成本不降反升。1—8 月，规模以上工业企业每百元主营业务收入成本为 85.87 元，比去年年底回升 0.19 元；工业企业管理费用增长 5.7%，增速比上年年底提升了 0.5 个百分点；同时考虑到工业品原材料价格虽然降幅收窄，但依然回落的，其他成本实际上可能仍然是有增无减，尤其是国有企业的财务数据更体现了这一点。1—8 月，国有及国有控股企业管理费用和销售费用分别增长了 5.4% 和 6.3%，涨幅比上年同期扩大了 6.3 个百分点和 6.8 个百分点，比上年年底扩大了 3.7 个百分点和 5.8 个百分点。

此外，从税收收入占 GDP 的比重和财政收入占 GDP 的比重

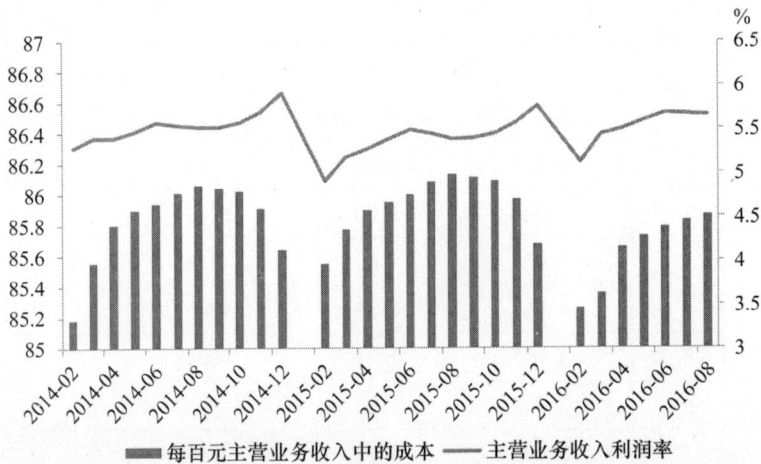

图 57　工业企业每百元主营业务收入中的成本以及主营业务收入利润率走势

走势来看，宏观税负指标 2016 年较 2015 年明显上扬。1—9 月，全国税收收入同比增长 6.6%，比上年同期和上年年底均分别提升 2.3 个百分点和 1.8 个百分点；全国公共财政收入同比增长 5.9%，虽然增速比上年同期和上年全年均延续放缓态势，但是占 GDP 的比重明显提高。财政收入和税收收入占 GDP 的比重分别为 22.9% 和 19.04%，分别比 2015 年的 22.5% 和 18.5% 提高了 0.4 个百分点和 0.53 个百分点。

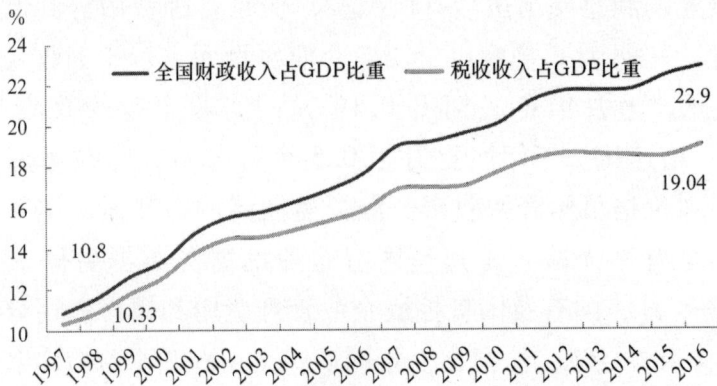

图 58　全国财政收入和税收收入占 GDP 比重有所攀升

通过以上的分析可见，虽然在降息、降准以及多种降低企业融资成本政策的作用下，企业融资成本有所缓解，但管理费用等其他成本、宏观税负指标不降反升，降成本实际效果有所折扣。

九　宏观调控的基调发生转变，由稳增长向防风险转向

2016年上半年，宏观调控明显体现了稳增长的主基调，为了完成全年6.5%—7%的目标，一方面，财政支出力度比2015年同期有所加快，基础设施增长持续保持高位；另一方面，保持适度宽松的货币政策。与此同时，在去库存背景下的房地产政策放松，譬如限购放松，出台政策降低个人购买唯一住房的契税、首付比例等，由此带来房地产量价均大幅回升。在此带动下，经济呈现底部企稳的迹象。但是，在政府主导力量带动经济企稳的同时，系统性风险有所扩大，债务风险凸显，房地产价格暴涨，股市市盈率经历2015年的股灾后有所回调但依然在2008年危机前的水平，中央宏观调控政策开始发生转变。6月，国新办专门针对债务问题举行了"债务吹风会"；7月，中央政治局会议除了明确五大重点工作方向，尤其提出要"抑制资产泡沫和降低宏观税负"；9月以来至国庆期间，全国二十个城市集中出台对地产限购和限贷的政策；10月，国务院出台《关于积极稳妥降低企业杠杆率的意见》以及《关于市场化银行债权转股权的指导意见》。近期，传言银监会将表外理财资产纳入MPA广义信贷监测，严禁银行理财资金违规进入房地产领域，证监会管理下的交易所大幅提高了地产债的发行标准甚至传出暂停发行的消息；2016年10月28日召开的全年第三次政治局会议尤其强调了"货币政策要抑制资产价格泡沫和防止金融风险"。发改委屡次召集煤炭企业开会，也是为了保障煤炭供应，抑制煤价的暴涨，因为工业原料的价格暴涨会导致整体物价上行，也会导致落后产能复工，影

响去产能的效果。

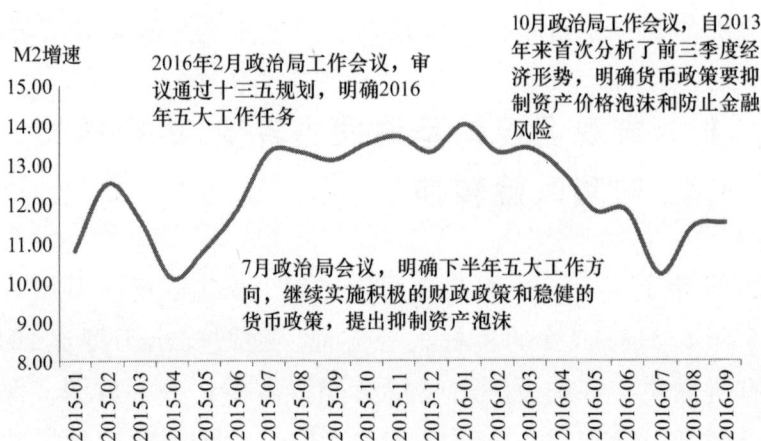

图 59　宏观经济政策重心已经发生变化，由稳增长向防范风险转变（M2 增速）

十　小结

总体来看，2016 年宏观经济呈现底部企稳与泡沫聚集的特点，一方面经济增长呈现短期底部趋稳迹象，前三季度 GDP 呈现直线型走势，基础设施投资持续高位增长，工业企业利润增长由负转正并持续增长，居民消费价格温和上涨，工业领域通缩进一步收窄，9 月当月 PPI 更是由负转正；但政府主导力量带动的经济趋稳基础并不牢固，经济运行中一些深层次的问题并没有解决，资产泡沫问题不断凸显，局部风险不断扩大，对宏观经济和民生影响甚重的房地产领域泡沫不断积聚，房地产价格暴涨；市场性力量的民间投资增长下滑，债务的结构性风险日益突出，尤其是非金融企业产能过剩与局部供给不足的结构性问题依然突出等等；而事实上，随着对泡沫和风险的担忧，宏观调控基调由上半年的稳增长向防风险转变，一方面随着收紧的房地产调控再度出台，22 城市出台限购、限贷政策，将带来地产销量增速的下滑，而三季度土地购置、新开工面积增速有所恶化；因房地产价格上升过快，部分城市推出新的房地产限购政策，由房地产市场带动的实体经济的回暖正面临回落的风险。另一方面，政治局会议明确"货币政策要抑制资产价格泡沫和防止金融风险"，政策基调保持适度宽松；央行最新的货币政策执行报告也显示出未来对风险的防控，等等；总体来看，在房地产略有降温、市场性力量依旧疲弱等综合影响下，四季度经济下行压力将有所加大。综合考虑全年的情况，预计 2016 全年经济增长 6.7% 左右。

第三部分　持续筑底的 2017 年经济以及需要关注的七大困境

　　2017 年将是中国经济持续筑底的一年。当前中国经济的下行是周期性、趋势性以及结构性等多种因素共同作用的结果。而中国经济的企稳更多的还是依靠政府主导性的因素，尤其是房地产投资和基础设施投资的走势更是证实了这一点，增长方式依然是"投资—债务"驱动；从增长动力来看，美国经济数据喜忧参半、增长动力依然不强，欧盟除自身的结构性问题外还将受英国脱欧的进一步冲击，外需难有明显改观。增长动力主要还是来自于内需，从结构来讲，消费需求持续平稳，因此变化主要取决于投资需求，更具体地说是取决于基建、房地产、制造业这三大固定资产投资的增长，这三大类投资又取决于行业调整周期的变化，同时宏观经济政策对其影响也甚为重要，侧重稳增长和侧重改革的宏观经济政策对其作用不一。经济增长内生动力不足，新动力难以充分替代旧动力拉动经济增长。这些因素共同决定了 2017 年中国宏观经济仍将持续筑底。而在中短期影响经济增长的众多周期性力量中，我们认为债务周期是影响中国经济是否发生危机或者继续恶化的最重要的力量。与此同时，在 2017 年的经济发展中，仍需要重点关注七大困境。

一　持续筑底的基本逻辑：中长期传统动力源泉的减弱带来潜在增长率的下行以及中短期周期新因素的波动

2009 年一季度我国经济增速降至 6.2%，达到亚洲金融危机之后的第一次经济底部。随着刺激政策实施，经济短暂回升，自2010 年三季度开始，经济增长从 10% 的增速基本逐季回落，截止到 2016 年三季度经济增速降至 6.7%。随着中国经济"新常态"的延续，投资回报率不断降低、而债务率不断升高，经济下行的压力仍然不容小觑。未来个别年份或者季度增速跌破 6.5% 应该是大概率的事情。那么 2017 年是否会是中国经济"不对称W 型"的第二次底部？从中国增速的回落来看，当前正处于过去（1978—2010）年平均 10% 的高速向中高速换挡的过程，面临结构调整、动力转换、体制改革等系统性调整，经济增长回落至一个新的平衡点，即第二次底部，这个平衡点取决于多种因素。中长期来看，取决于潜在增长速度；中短期来看，则受各种周期性力量的影响，包括世界经济在 2017 年是否延续新平庸？投资需求何时触底？去产能进展如何？经济增长新动能何时能形成规模性影响等？特别是中国的债务周期是否已经濒临拐点，风险是否能够得以缓释？等等。

从中长期来看，支撑中国过去３０多年高增长的几大动力源泉均不同程度地减弱，全球化红利耗竭、工业化红利递减、人口红利也随着人口抚养比底部到来、刘易斯拐点出现、储蓄率的回落而发生逆转，"十三五期间"经济增长潜力有所下降，潜在经济增长率的底部有可能突破 6.5%。从中短期众多周期性因素来看，美国经济数据喜忧参半、增长动力依然不强，欧盟除自身的结构性问题外还将受英国脱欧的进一步冲击，外需难有明显改观。增长动力主要还是来自于内需，而消费需求取决于居民收入、消费习惯等方面的因素影响，其走势相对于经济增长而言平稳；投资需求是需求变动以及经济变动的关键，更具体地说是取决于基建、房地产、制造业这三大固定资产投资的增长，行业调整周期的变化决定了房地产投资、制造业投资难以明显改善，基础设施投资增长提速的空间也有所减小；而从产业发展来看，新动力难以充分替代旧动力拉动经济增长，与此同时在向服务经济为主发展的过程中，服务业劳动生产率相对第二产业劳动生产率低将制约全社会劳动生产率的提升，等等。这些因素共同决定了2017年中国宏观经济仍将持续筑底。2018年或许是底部反弹的一年。

此外，我们认为，中短期影响经济增长的众多周期性力量中，债务周期是影响中国经济是否发生危机或者继续恶化的最重要的力量。其背后的逻辑主要表现为通过"债务—投资"驱动依然是目前稳定经济增长的主要路径；货币以银行信贷为主的债务形式投放给中央和地方的国有企业，以此开展由政府推出的大量以基础设施建设、房地产为主的投资项目，从而拉动经济增长。但投资收益率的下降和资金使用效率的降低已逐渐弱化了"债务—投资"驱动模式的效用。同时高债务问题不断显现，且由于其连通实体经济和金融市场，高债务带来的高风险已成为经济稳定的巨大威胁。

（一）从外部经济来看，世界经济仍然处于深度调整的周期之中，新平庸格局下的世界经济复苏总体依然乏力

2016年，世界经济总体复苏乏力，世界经济增长率低于预期，不确定性超出预期。各国分化走势延续，部分新兴国家面临增长趋缓、货币贬值、资本外流等多重压力。展望2017年，世界经济增长动能仍旧疲弱。全球贸易持续低迷，政策空间下降以及不确定性上升、逆全球化倾向上升，同时仍面临美联储加息、英国公投后续发酵、美国大选后内外政策变化、国际金融体系风险和地缘政治冲突上升等不确定因素，经济增长可能有所减弱，国际油价也将维持区间波动。在全球经济的再平衡过程中，世界经济持续的低增长、低贸易、低通胀和低利率的"四低"特征仍旧延续，而全球资产泡沫加剧，世界经济仍面临二次探底的风险，这将对中国经济总量和结构形成一定冲击，外需难以有明显改善。

1. 世界经济复苏乏力，国际贸易和投资增长低迷，贸易保护主义有所抬头。

2016 年世界经济总体呈现出复苏乏力的态势，各国分化走势延续，美国复苏态势较好，但欧元区、日本经济持续低迷，部分新兴市场国家面临经济增速下滑、货币贬值、资本外流等多重压力。

表4　　　　　　主要预测机构对 2017 年世界经济的预测　　　　（单位:%）

预测机构	国际货币基金组织	世界银行	OECD
全球	3.4	2.8	3.2
发达经济体	1.8	1.9	—
新兴经济体与发展中国家	4.6	4.4	—
美国	2.2	2.2	2.1
欧元区	1.5	1.6	1.4
日本	0.6	0.5	0.7
英国	1.1	—	1
中国	6.2	6.7	6.2

注：IMF 数据于 10 月 4 日发布；世界银行数据发布于 6 月 4 日；OECD 数据发布于 9 月 21 日。

2017 年全球经济仍将难以扭转这一状态。一方面，从供给端看，当前世界经济正处于以创新为基础的长周期下降阶段，尚难以看到可以产生革命性影响的重大技术突破，新兴产业仍处于产业化的初级阶段，难以担负引领世界经济走出困境的重任。同时，全球结构性改革举步维艰，发达国家人口老龄化、收入差距加大和债务高企等痼疾尚未得到有效解决；新兴经济体经济结构单一、金融系统脆弱、抗风险能力弱等问题长期存在。从需求端看，有效需求不足成为制约各国经济增长的首要因素，全球经济再平衡令发达国家私营部门持续去杠杆，抑制投资和消费复苏；全球化进程放缓及贸易保护主义升温又进一步抑制了外需对各国经济增长的拉动作用，而凯恩斯主义的需求管理政策难以持续有效弥补私人需求的下降，并加大了各国主权债务风险。总体来看，全球范围内的产能过剩和需求不足现象依然突出，钢铁、能源、采矿等传统产业过剩产能出清进展缓慢，供需失衡局面未出现明显改观。而新能源、生物技术、智能制造等新技术仍处在探索和试错阶段，受制于成本和技术水平限制，新供给尚未创造有效的新需求。综合来看，世界经济仍将持续疲弱。

从主要机构对 2017 年的经济增长预测来看，世界银行、国际货币基金组织、联合国最新的报告，均下调了对 2017 年经济增长的预期。其中，世界银行预计 2017 年经济增速最低，仅为 2.8%。

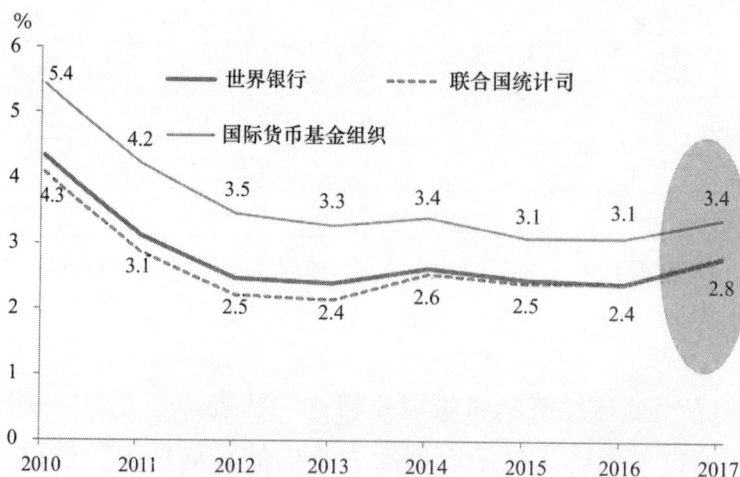

图 60　主要机构对 2017 年经济增长走势预测

　　全球化进程放缓及贸易保护主义升温又进一步抑制了外需对各国经济增长的拉动作用；在全球经济增速放缓的背景下，全球化进程遇阻与贸易保护主义升温，进一步抑制了全球经济增长的动力。2016 年 6 月，世界贸易组织发布报告指出，2015 年 10 月到 2016 年 5 月中旬，20 国集团经济体出台保护主义贸易措施的速度是自 2008 年金融危机以来的最快。自 2008 年以来，G20 经济体共采取了 1583 项新的贸易限制举措，而仅仅取消了 387 项。后危机时代，全球贸易保护主义愈演愈烈。

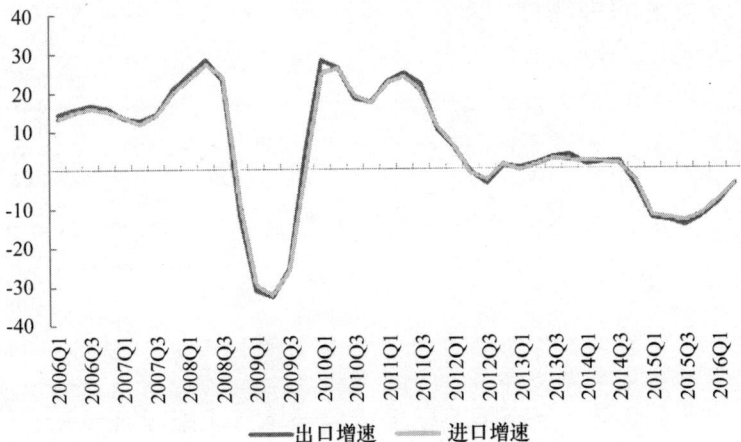

图 61　全球进出口形势

　　全球范围内贸易保护主义的盛行，既包括直接限制贸易措施，也包括货币竞争性贬值和区域贸易集团对非成员国的隐形歧视，这些措施对全球贸易的复苏形成一定的阻碍。2016 年前两季度全球贸易总额仍维持负增长，外需的持续疲弱将对我国经济形成一定制约。

　　2. 全球不确定性有增无减，国际金融市场宽幅震荡，国际资本流动短期波动加剧。

　　2016 年，国际金融市场发生巨震，全球股市普遍大跌，大宗商品市场深度下调，恐慌情绪广泛蔓延。我国春节 A 股休市期间，全球股市遭遇"黑色一周"。日本、法国、韩国股指持续下跌超过11%、4.9%、4.3%，韩国创业板科斯达克指数触发8%的熔断机制，恒生指数刷新 3 年低位，美国股指跌幅一度接近3%。新兴市场股市中，印度、俄罗斯股指下跌幅度一度超过6%。2016 年 10 月美欧因银行业股票暴跌出现金融动荡，这次金融风暴的旋涡中心不是意大利、希腊，而是来自欧洲中心德国的最大商业银行——德意志银行。更为重要的是，国际清算银行将德意志银行称为全球最大的金融系统性风险，进一步加剧了未来金融持续动荡的可能性。

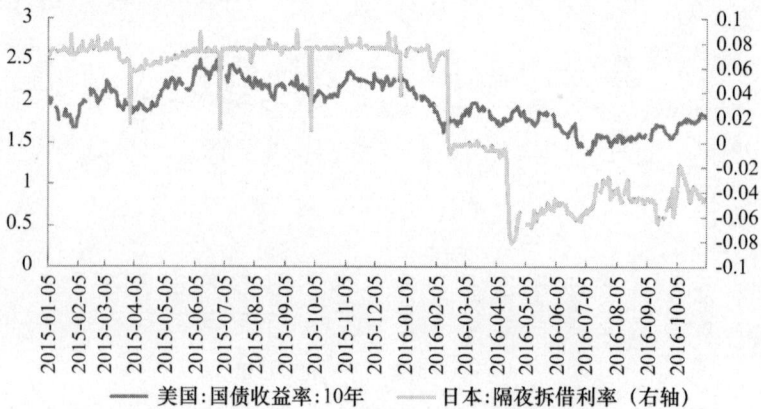

图 62　美国 10 年期国债和日本隔夜拆借利率

随着全球主要发达国家央行均采取了超低利率政策，越来越多的央行甚至采取了负利率政策，资金成本处于历史最低水平。虽然利率降至历史低位，但出于风险的凸显，投资者的风险偏好发生变化。截至 2016 年 9 月 30 日，1—2 年期的长期国债收益率为负值的国家就有德国、法国、日本、西班牙、意大利、荷兰、瑞士、瑞典等国，而美国、英国、加拿大也基本实现了零利率。美国 10 年期国债收益率创新低，日本 10 年期国债收益率首次跌至负值，这意味着投资者宁可亏钱也不愿投资股票等风险资产，表明投资者的风险偏好发生变化。与此同时，长期的超低利率，刺激了全球各国股票市场泡沫的再度形成。截至 2016 年 10 月初，各国股市的市盈率已经普遍超过 2007 年美国爆发"次贷危机"前的水平。

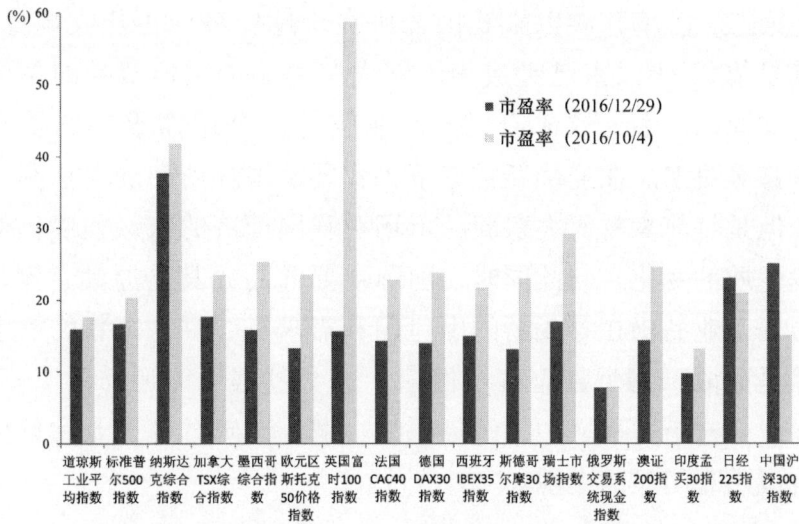

图 63　各国的股市市盈率已超出 2009 年金融危机水平

　　全球资本市场波动加剧，凸显投资者对全球经济复苏进程不确定性的担忧。同时受国际金融危机之后总需求不足、产能过剩、投资期望收益较低和投资者积极性不高等因素影响，全球投资低迷，不但影响当前经济增长，更重要的是影响未来生产率和潜在经济增长。全球各经济体有必要联手稳定资本市场信心，防范资本市场传染式暴跌。

　　3. 大宗商品价格或将区间徘徊。

　　大宗商品价格在 2015 年跌入谷底，2016 年开始有所反弹，但反弹呈震荡态势。一般来说，大宗商品价格波动周期与经济周期较为吻合，而农产品价格周期与工业品及全球经济周期存在着明显的时间差。2017 年，大宗商品或将区间徘徊，主要基于以下两个方面。

第一，目前美国经济复苏领先于其他经济体，但美国一直是国际商品的主要输出者，其经济回暖对国际大宗商品市场需求和价格的提升主要体现在市场信心、资金流向等方面，而在实际需求上作用并不大。

第二，改革开放以来我国经济在全球经济中占比大幅提高，尤其是 2005 年以来已经成为国际大宗商品进出口贸易的主要力量，如原油、铜、铁矿石、天然橡胶等占全球需求的比重都在 50% 甚至更多。在经济新常态下，我国对国际商品的需求明显下降，但是目前来看，大宗商品市场对我国经济的依赖程度仍然没有发生质的变化。与此同时，国际主要商品尤其是原油、铜、铁矿石等工业品仍在寻找新的出口国和需求点，且这个新的需求点必然是分散于几个甚至多个国家，这个过程可能还需要 1—2 年时间，在这个过程之中，国际原油、铜、铁矿石等工业品价格可能难以出现明显的上涨。

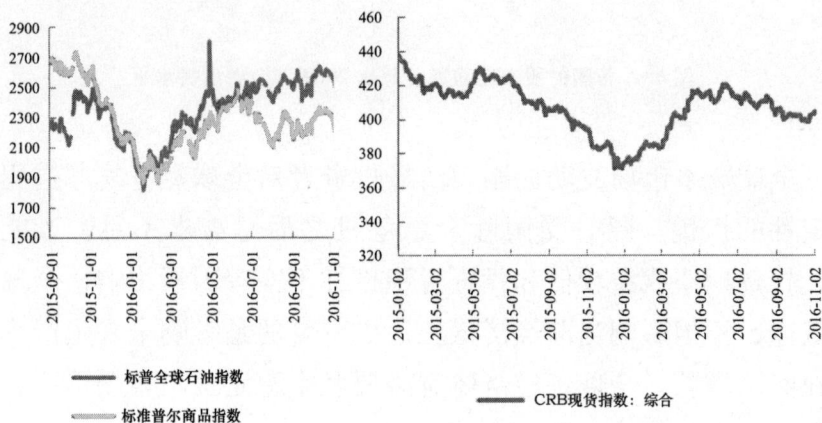

图 64　标普全球石油指数和 CRB 现货指数走势

4. 地缘政治风险有增无减，"逆全球化"趋势升温。

2016 年，全球地缘政治持续紧张，恐怖袭击事件频发，全球经济面临的不确定性和风险上升。各类风险事件的发生进一步增加了全球经济下行的压力。恐怖袭击、难民潮、英国脱欧等问题相互关联，进而在欧洲乃至全球市场产生重大影响。6 月底的英国脱欧公投已成上半年世界经济最大的"黑天鹅"事件，不仅引发对欧洲一体化甚至全球化进程逆转的担忧，① 也带动全球资本市场大幅震荡。

展望 2017 年，包括部分主要经济体进入大选周期，即将进行的意大利脱欧公投、地缘政治紧张和恐怖袭击频发等都可能对全球经济和国际金融市场带来重大影响，其中，欧盟或将面临最大的考验。英国脱欧、意大利即将脱欧公投，暗示"逆全球化"趋势升温。英国退欧所伴随的结果在中期具有较大不确定性，全球范围内政治保守化、区域矛盾显化的趋势可能进一步强化，在英国脱离欧盟之后，欧洲和英国都面临进一步分裂的风险。政治上和经济上的相关不确定性将给全球及区域经济增长带来负面影响。

（二）从内部情况来看，2017 年宏观经济仍将持续筑底

当前中国经济的企稳更多的还是依靠政府主导性的因素，尤其是房地产投资和基础设施投资的走势更是证实了这一点，增长方式依然是"投资—债务"驱动；国有及国有控股投资的持续高速增长与民间投资增长剧烈下滑的强烈对比说明市场力量并非经济企稳的主要力量；对经济和民生均影响巨大的房地产业，政府调控面临稳增长与泡沫催生的困境；经济增长内生动力不足，新动力难以充分替代旧动力拉动经济增长；这些因素共同决定了2017 年中国宏观经济仍将持续筑底。

1. 从中长期来看，未来中国潜在经济增长率在不断下滑。

过去 30 年，全球化红利、工业化红利、改革开放以来的制度红利以及人口红利带动中国经济持续保持两位数以上的增速增

---

① 意大利在 12 月 4 日进行公投，当时认为意大利的脱欧公投如果成功，或将对欧盟经济一体化造成更大的冲击。

长；而目前支撑中国过去 30 多年高增长的几大动力源泉均不同程度地减弱，首先，随着世界经济进入低速增长的新平庸时期，各种形式的贸易保护主义重新抬头，我国劳动力成本的提升，带来全球化红利耗竭；其次，2011 年以来我国适龄劳动人口规模呈现下降趋势，人口抚养比回升，而刘易斯拐点也于 2008 年到来（刘元春，2014），人口老龄化进程加快，居民储蓄率随之下降，人口红利不复存在；再次，从数据来看，由于三次产业间劳动生产率的变化，第一产业与第二、第三产业劳动生产率增速差异收窄，依靠农村剩余劳动力转移提升全要素生产力的空间区域收窄；此外，政策调整也会通过短期波动影响中长期的潜在增长速度。总体来看，全球化红利的耗竭、人口红利也随着人口抚养比底部到来、刘易斯拐点出现、储蓄率的回落而发生逆转，劳动生产率提升的制约，"十三五期间"经济增长潜力有所下降，潜在经济增长率的底部大概率突破 6.5% 。

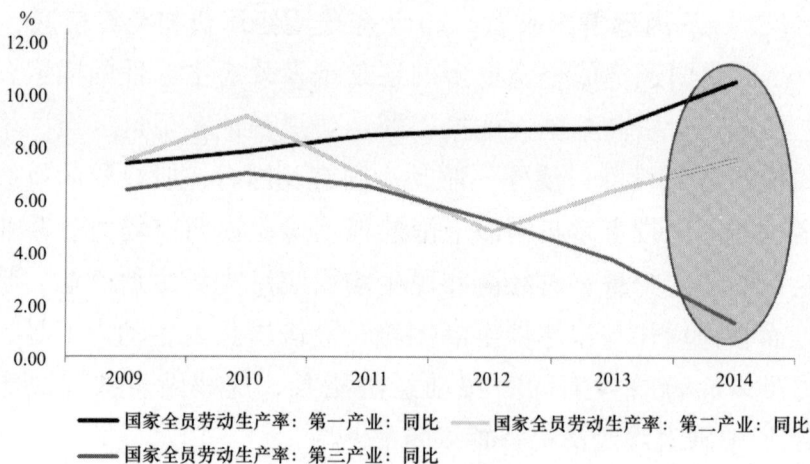

图65   三次产业劳动生产率同比变化

目前关于潜在增长测算的研究众多，使用生产函数、HP 滤波等方法不同的学者测算的结果有所差异，但总体趋势基本都是潜在增长平台将进一步下移，以人民大学经济学院郭豫媚和陈彦斌的测算为例，"十三五"期间，在没有出现重大经济波动的基准情形下，潜在经济增长率将由 2012—2014 年的 9.37% 下降至 6.31%（郭豫媚和陈彦斌，2015）。

表5　　　　　　　　1979—2020 年中国潜在 GDP 增长率的估算与预测　　　（单位:%）

	1979—1989	1990—1999	2000—2007	2008—2011	2012—2014	2015—2020		
						基准	悲观	乐观
潜在 GDP	9.67	9.74	9.87	10.82	9.37	6.31	5.47	7.87
资本	8.29	11.06	14.22	18.62	16.94	9.61	8.42	10.61
潜在劳动力	3.45	1.42	0.65	0.40	0.35	-0.08	-0.10	-0.08
人力资本	2.74	0.95	0.81	0.98	0.99	0.66	0.66	0.89
TFP	2.38	2.82	1.73	0.42	-0.13	1.01	0.79	1.93

2. 从中期来看，我国依然处于产业结构调整的重要时期，向服务经济为主的格局转变过程中，第三产业比重的不断提升将带来全社会劳动生产率的下降。

2017 年以及未来几年，中国产业结构依然处于向服务经济为主的格局转变的过程中，第三产业占经济总量的比重和对经济增长的贡献均呈不断提升的态势，相对于第二产业，就业弹性更高的第三产业劳动密集型特点更为明显，劳动生产率的提升相对慢于第二产业，全社会劳动生产率的提升将会随着第三产业比重的提升而有所放缓。根据"鲍莫尔—富克斯"假说，在劳动生产率增长率非均衡增长的经济体系中，经济总体的增长速度将渐进性地趋同于技术进步相对落后的停滞部门的劳动生产率增长率，作为以服务经济为主导经济的后工业化国家，美、日两国的发展趋势正是与此理论相一致，相对于技术进步较快的工业，经济增长更趋近劳动生产率增长较低的服务业，服务业对经济增长起主导作用。与此同时，从产业结构升级理论来看，工业化初期，劳动力快速从劳动生产率较低的第一产业向效率较高的二、三产业转移，全社会劳动生产率将会随之大幅提高，这正是丹尼森效应；随着工业化进行到后期，产业结构基本稳定，劳动力转移速度将有一定放慢，由此带来的效率总配置效应也将减少，全社会劳动生产率增长也将相对稳定，这也是美国、日本等发达国家近年来劳动生产率增长放缓的原因之一。

表6		日本、美国产业劳动生产率增长①						（单位：%）
	年份	GDP	劳动生产率增长			产值份额		
			农业	制造业	服务业	农业	制造业	服务业
日本	1970—1980	4.5	6.21	4.60	3.46	4.20	25.90	47.70
	1980—1990	3.9	3.57	3.60	2.63	3.00	26.90	53.00
	1990—2002	1.4	1.70	2.90	0.81	1.90	23.40	60.30
美国	1970—1980	3.3	4.52	2.50	1.71	1.00	15.40	57.39
	1980—1990	3.2	3.66	2.65	1.46	1.20	15.00	59.90
	1990—2002	3.3	2.49	3.79	2.20	1.10	14.40	63.40

从我国的情况来看，改革开放以来，随着市场化改革不断进行，要素市场的完善和健全带来的产业间的劳动力、资本等资源优化配置是全社会劳动生产率大幅提高的主要原因之一。随着产业结构的调整，就业人员快速从一产向二、三产流动，丹尼森效应发挥作用，劳动生产率随之大幅提高，经济增长也快速发展；随着我国向服务经济为主的经济结构转变，服务业占比自2014年超过50%以后不断提升，再加上劳动力跨行业转移的成本也在上升，劳动力转移减速，通过产业结构之间的劳动力配置提升效率的空间降低，全社会劳动生产率的变动将出现增长放缓的态势，这将对2017年经济增长形成一定制约。

---

① 袁海霞：《北京市劳动生产率与经济增长的关系》，工作论文。

表 7   不同阶段经济增长、劳动生产率增长以及产业结构变化

年份	GDP 增速（%）	劳动生产率增长（%）				产业结构占比（%）		
		全员劳动生产率	一产	二产	三产	一产	二产	三产
1979—1990	9.84	5.42	3.67	3.56	3.49	28.81	44.11	27.06
1991—2000	10.45	8.54	3.93	10.98	4.15	29.34	64.36	35.67
2001—2010	10.55	9.88	6.73	8.51	8.05	11.00	46.31	42.68
2011—2015	7.88	7.44	9.22	6.47	4.26	9.20	43.23	47.58
1979—2015	9.68	7.74	5.21	7.32	5.02	—	—	—

3. 从中期来看，固定资产投资处于下行阶段，作为促投资、稳增长的主力，基础设施投资占投资比重仍有提升空间，但在基数效应等影响下，增速趋缓。

从经济周期的短期波动来看，消费需求变动相对于经济增长而言比较稳定，需求变动的关键仍然是投资需求。基础设施投资、房地产开发投资和制造业投资占固定资产投资比重超过七成，三者的走势基本可以决定固定资产投资的发展趋势。

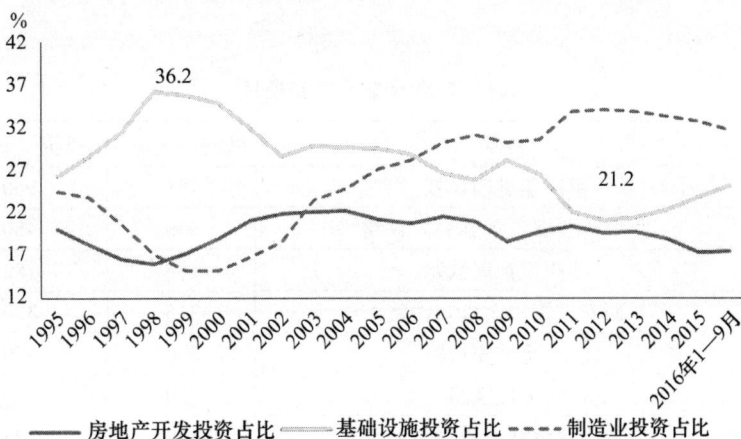

图 66   基础设施投资占比仍有提升空间

从占比20%—25%左右的基础设施投资来看，近几年来，作为我国政府促投资、稳增长的主力军，基础设施投资持续保持两

位数以上的高位增长。从长远发展来看，随着城镇化的推进、区域经济带建设等，对基础设施投资仍有加大需求，尤其是水利工程、交通设施互联互通、通信设施、农村基础设施等仍有较大投资空间；仅铁路建设这一方面，2017 年将有投资总额大约 4446亿元的 23 个重点推荐铁路项目开建。从历史数据来看，基础设施占投资比重仍有提升空间（如图 66 所示），基础设施投资占总体投资比重的历史高点是 1998 年，占比为 36.2%，以后逐步回落，2000 年以来基础设施投资占比的平均水平为 27%，2016 年该指标为 25.15%，因此从历史比较来看，未来基础设施投资在总体投资中的占比仍有提升空间；同时，由于基础设施属于社会先行资本，具有较强的正外部效应，在制造业投资受制于产能调整、"新 930" 政策影响下房地产开发投资仍将低迷的情况下，基础设施投资仍是稳增长的主力；但总体来看，尽管基础设施投资仍有投资空间，但是由于地方政府负债和投资能力以及投资效率的制约，基础设施大规模扩张的基础比较薄弱，同时考虑到基数效应，未来基础设施投资增速会逐步放缓。

表 8　　　　　　　　　2017 年 23 个重点铁路项目

序号	路段	里程（公里）	投资（亿元）
1	重庆至昆明高铁	785	950
2	西宁至成都（黄胜关）铁路	540	450
3	广州至汕尾铁路	168	182
4	西安至铜川至延安铁路	315	320
5	合肥至淮安铁路	270	350
6	沪乍杭铁路	130	112
7	廊涿城际铁路	126	205
8	霸州至衡水铁路	199	260
9	鲁南铁路（菏泽至曲阜）	200	160
10	鲁南铁路（兰考至菏泽）	85	93
11	潍坊至莱西铁路	126	190
12	郑州至濮阳城际铁路	200	240

续表

序号	路段	里程（公里）	投资（亿元）
13	漳州至厦门城际铁路	70	160
14	纳雍至六盘水铁路	60	33
15	平凉至庆阳铁路	100	70
16	宁波至金华铁路	135	110
17	三门峡至禹州铁路	257	180
18	天津枢纽杨双、汉周联络线	30	16
19	克拉玛依至塔城铁路铁厂沟至塔城段新建铁路	190	50
20	平凉至中卫铁路增建二线	315	130
21	焦柳铁路电化工程（怀化至柳州段）	415	43
22	集宁至二连浩特扩能工程	330	82
23	大莱龙铁路扩能工程	167	60
合计		5213.00	4446.00

资料来源：发改委、交通部等：《交通基础设施重大工程建设三年行动计划》。

制造业投资占总体投资的比重大约为31%，其主要构成包括轻纺等传统消费品制造业、高耗能制造业、装备制造业和信息产业等，三者的比例大体分别为33.5%、24.5%和32.6%。从发展趋势来看，高耗能制造业和部分装备制造业产能严重过剩，随着去产能推进，2017年这一类别的投资增长恐将持续下滑；轻纺等工业投资有赖于出口、消费影响，变化相对不大；新信息产业、高技术制造业等新兴产业的投资依赖于新动能、新产业的培育，从目前情况来看，新兴产业发展势头较好，但规模难以带动制造业投资企稳；总体来看，制造业投资疲弱态势仍将持续，高耗能制造业投资将继续下降，消费品制造业、装备制造业投资难有突出表现。

占比近四分之一的房地产开发投资，2016年其增长受销售持续火爆带动呈现反弹迹象。从本质上讲，2015—2016年这一轮房地产销售火爆是在政策放松、市场预期等多种因素作用下带来

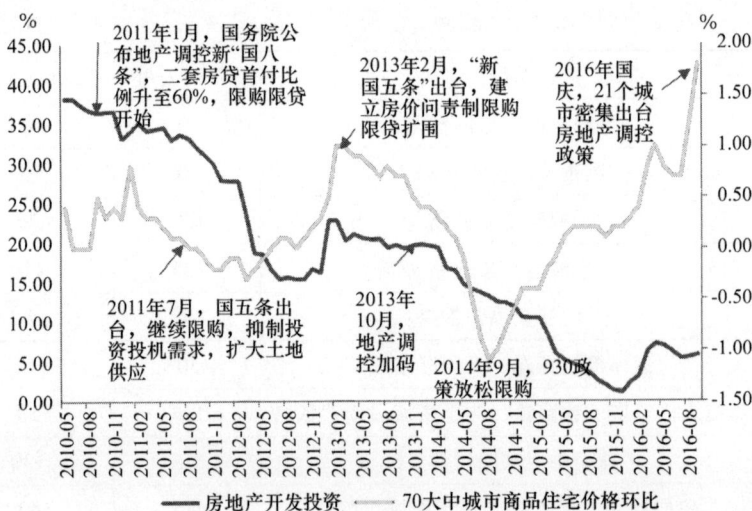

图67 房地产开发投资累计同比、价格走势与政策关系

的，通过销售火爆带动投资、土地出让金等指标均有不同程度的改善；对于资产泡沫的担忧，使得政策风向发生变化，新"930"政策后密集出台的楼市调控政策直接影响了购房者的预期，大多数城市新房成交量环比出现了40%左右的下跌。出于对风险的考量，我们认为2017年政策发生根本性变化的可能性很小，同时考虑到房地产的存量和城市化水平，房地产投资增量已经有限，房地产投资增速恐持续下滑，综合考虑去库存和供需变化，我们认为2018年左右房地产开发投资可能基本触底。

从主体来看，占投资比重六成的民间投资增长持续低迷；民间投资增长的下滑与实体经济回报率下行，主体信心不足以及制度性因素等多方面有关，能够实质性改善还取决于供给侧结构性改革，比如财税体制改革、国企改革等能否实质性推动有关。

4. 从短周期来看，2016年依然处于库存周期的底部，2017年初有望底部反弹。

宏观层面通常用支出法中存货增加的状态来反映短周期变动，大体判断当年宏观经济库存处于何种变动状态。从宏观来看，存货的周期性变动尤其是工业企业存货调整的周期性特征更为明显，存货增加的变动大体与经济周期的变动相一致，当处于经济周期的转折点时，存货变化的幅度会更大，比如 1998 年亚洲金融危机时期，存货增加下滑 54%，存货增长占 GDP 的比重由 4.5% 大幅下降至 1.92%；2009 年金融危机时期，存货增加由上年的增长 46.4% 转为下降 47.4%，占比也随之下滑。从近两年的态势来看，2014 年我国 GDP 中存货增加约为 12664.4 亿元，增速比上年提升近 9 个百分点，占 GDP 的比重为 1.95%；存货增加占 GDP 比重为 1.97%，低于 2005—2014 年 2.06% 的平均水平，同时也是近几年的较低水平。与此同时，考虑到当前所处的产能过剩调整的大背景，我们认为宏观角度尤其是存货增加占 GDP 的比重而言，2015、2016 年已处于库存的底部，2017 年或处于底部反弹。

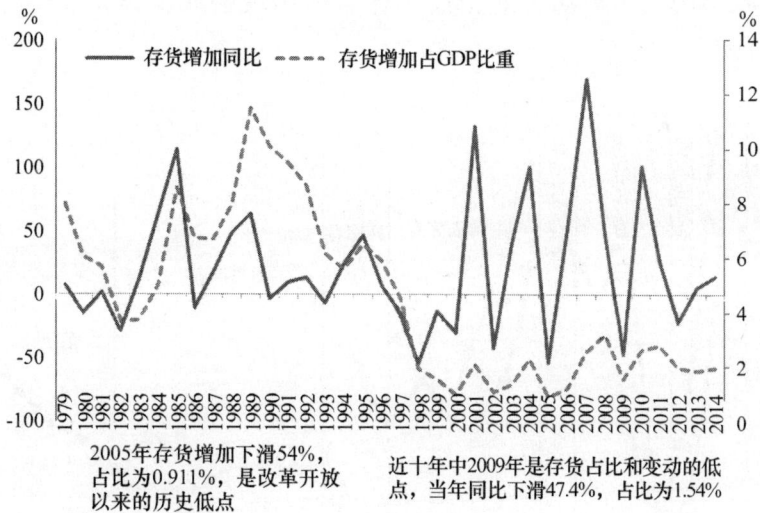

2005年存货增加下滑54%，占比为0.911%，是改革开放以来的历史低点

近十年中2009年是存货占比和变动的低点，当年同比下滑47.4%，占比为1.54%

图68　存货增加同比变化及占 GDP 比重变化（1979—2014）

从中观层面来讲一般使用工业企业产成品存货或者 PMI 中库存变动结合 PPI 走势来判断库存周期的具体变动。从我国工业企业产成品存货与 PPI 的变动来看，2008 年 8 月以来我国工业企业经历了两轮完成的库存周期（2008 年 8 月—2011 年 8 月，2011 年

9 月—2014 年 8 月），目前处于 2014 年 8 月以来的新的一轮库存周期的底部。2014 年 9 月以来，随着工业品价格的持续下滑、投资收益预期的下滑以及企业不断攀升的债务压力，工业企业尽可能减少库存投资，增加持有现金，这一阶段工业企业一直处于去库存状态；2016 年 4 月以来，PMI 中新订单指数略有改善，工业企业加速去库存，二季度以来工业企业产成品存货持续下滑；从库存变动动力的相对需求来看，虽然 PMI 产成品库存指数和原材料库存指数均处于景气线直线，但 2 月份以来前者相对稳定，而原材料库存指数较年初呈现小幅增加态势，原材料和产成品库存 PMI 差也显示目前相对需求较弱。与此同时，PPI 当月同比由负转正；结合前两轮库存周期变化的规律，去库存趋于周期拉长，上一轮去库存周期经历了 24 个月，那么本轮去库存有望 2016 年四季度或者 2017 年年初结束，2017 年年初工业企业库存有望出现触底反弹。

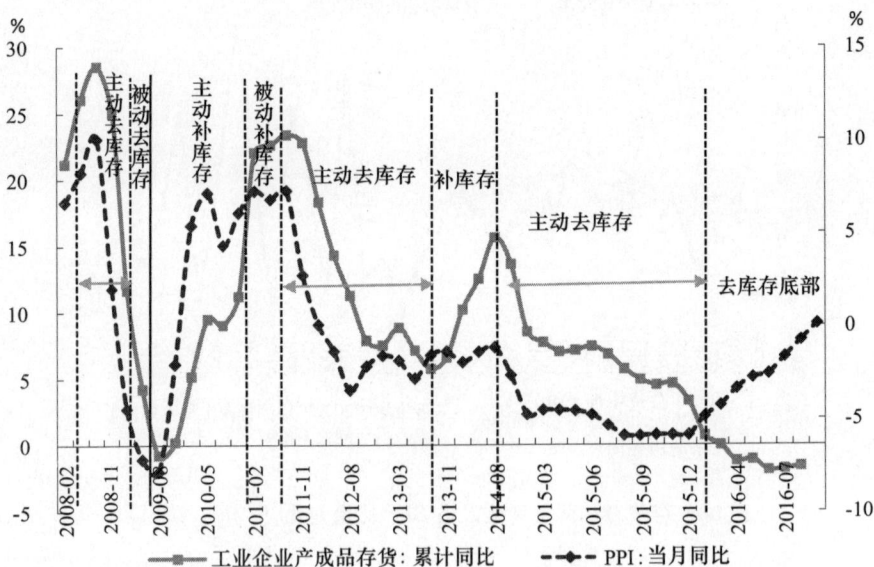

图 69　国内工业企业依然处于被动去库存的底部①

---

①　参考袁海霞《国家及北京市经济波动的周期性特征》，《当代经济管理》2012 年第 5 期。

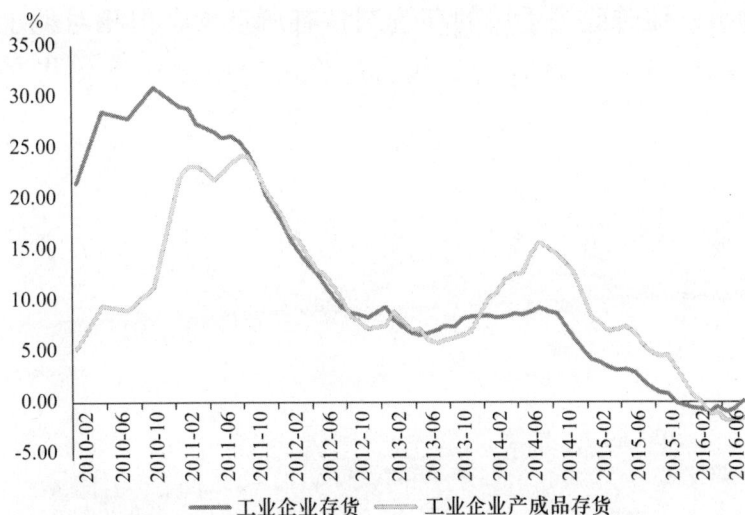

图70　工业企业存货和产成品存货趋势基本一致

5. 从增长动力来讲，随着"三去一降一补"推进，传统过剩行业能否实质性的全面调整，依然是中国经济面临的重要挑战；而从增量来看，新兴行业的增长势头也有所放缓，其发展尚不足以弥补传统行业、传统力量的缺失。

从数据来看，2016 年推进的"三去一降一补"有实质性的推进，虽然不同过剩行业去产能进程不一，但煤炭、钢铁等行业的去产能均有所推动；以煤炭、钢铁行业为例，上半年二者去产能推进节奏缓慢，1—6 月，仅完成全年目标的 30% 左右，下半年进度明显加快，但随之而来的是煤炭、钢铁价格的快速反弹，尤其是动力煤的期货价格，已经反弹至近三年的新高；与此同时，近期这些行业的企业盈利状况有所改善，但这种改善除了季节性需求影响外，2015 年的低基数效应更为关键。作为基础类产品的煤炭、钢铁价格反弹为进一步去产能是否能持续推进增加了阻力和疑问，但是从供需来看，行业产能过剩的基本面并没有根本性的改变，因此，2016 年年底至 2017 年仍是去产能的关键时期，中央政府需要坚定决定持续推进僵尸企业、高负债企业、过剩产能企业的调整；2016 年尤其是 2016 年下半年以企业破产、债务重组、债转股等手段的存量调整有所进展，但相对低于市场预期，2017 年预计将有所加快，这将决定中国经济仍将在底部徘徊。

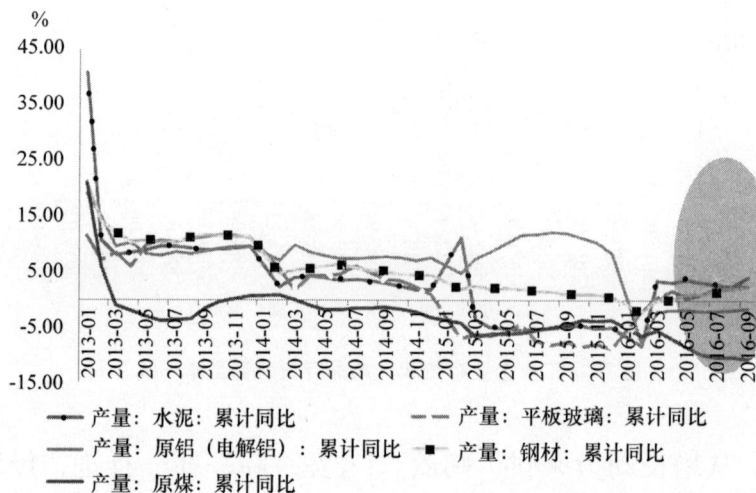

图71　产能过剩行业去产能有所分化

从增量来看，存量加速调整的同时，新产业、新业态和新动力的发展尚不足以弥补传统行业、传统力量的缺失。近几年来，随着中央政府在战略性新兴产业、创新产业以及公共服务等领域出台大量政策扶持以及全球移动、互联网等技术的发展，新兴产业持续保持快速发展。比如新能源汽车、智能手机、机器人制造等新兴产业产量增长持续保持在两位数以上，尤其是新能源汽车，2016 年以来保持 70%—80% 之间的增长速度；但是从总量来看，新兴产业难以完全替代传统产业增长放缓的缺失，目前战略性新兴产业占 GDP 比重在 8% 左右，高技术制造业占比 11.8%左右，相比传统产业的体量，难以在短期内形成新型支柱产业，带动中国经济实现新的高速增长。所以，2017 年新产业和新动力难以阻止传统行业探底带动整体经济探底的进程。

6. 从房地产业来看，人口结构的变化以及政策作用下房地产

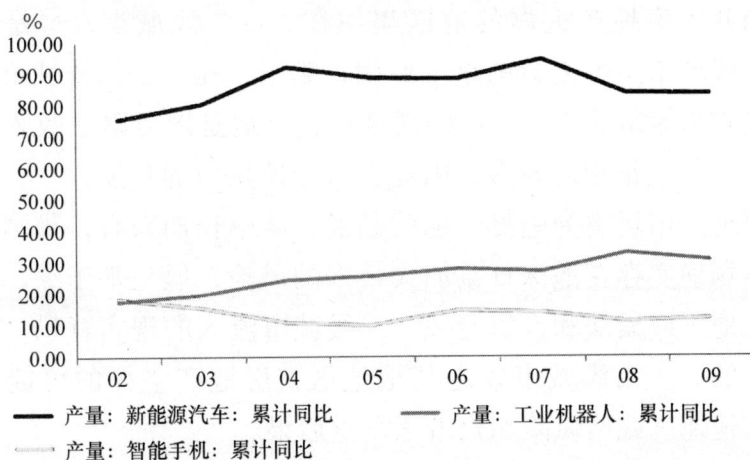

图 72　新能源汽车、智能手机、工业机器人产量持续保持两位数以上增长

走势对中国经济的影响依然巨大。

第一，从中长期来看，我国的房地产市场发展趋势要从土地、人口以及房地产周期的角度综合加以分析，这些是决定房地产市场基本面的核心因素。一方面，中国的人口自然增长率在近二十年来呈迅速下降趋势，在 1987 年达到 16.61‰后，在 2009 年以后下降到5‰以下，其中 2015 年为 4.96‰，同时由于长期实行严格的计划生育，以及经济发展后对生育意愿带来的影响，我国的人口出生率在近十年维持12‰的低位，支撑中国经济增长以及购房需求的最主要的劳动力集中在中青年年龄段，以 15—65 岁适龄人口的比重变化来看，这部分人群在 2010 年达到人口比例的高峰，之后逐年下滑，人口红利正在逐步消失，并在可预见的未来呈下降趋势，人口数量以及人口结构的变化决定了房地产市场的基本面；但是，另一方面，从人口流向来看，东部地区依旧是人口主要的流向地区，根据国家卫计委发布的《中国流动人口发展报告 2016》，2013 年，东部地区流动人口占全国流动人口的比例为 75.7%，西部地区为 14.9%，2015 年的相应比例分别为 74.7% 和 16.6%，吸引人口向东部一、二线城市流动的主要因素是较好的收入、公共服务水平以及公共资源。人口流向决定

了当前我国房地产火爆的地区集中在一、二线城市，这是支撑一、二线城市房价上行的重要原因；第三，在一、二线城市，土地供应较为紧缺，二、三、四线城市，土地是地方财政收入的重要来源，供应量相对较多，因此，从土地供应的角度，一、二线城市房地产市场更为坚挺。也就是说，从中长期来看，我国的房地产市场确实存在泡沫日益加大带来的风险，但是基于一、二线城市土地供应紧缺和人口向一、二线城市流入的现实背景，人口净流入的一、二线城市较之其他地区，房地产坚挺的可能性更大，其他地区或因风险积聚带来严重后果。

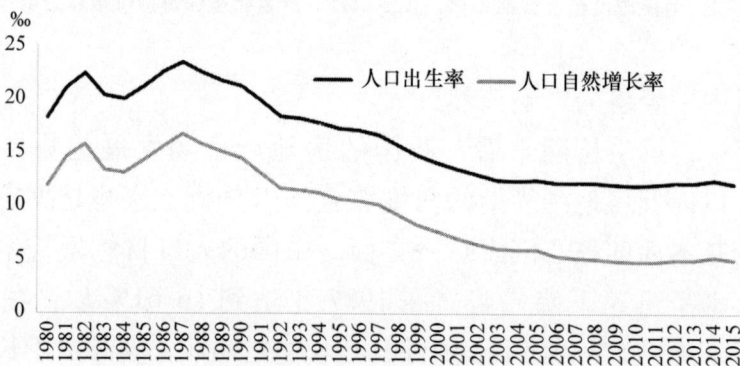

图73　人口出生率和人口自然增长率变化趋势

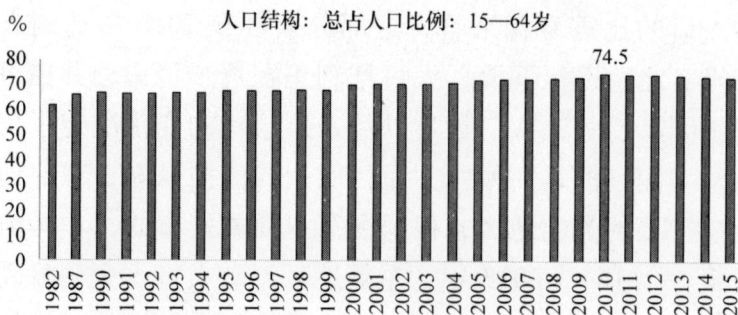

图74　适龄人口占总人口比重变化趋势

　　第二，2016 年在政策和市场预期的带动下，房地产市场泡沫不断加大，这将对 2017 年形成一定的影响。

　　随着经济增长方式的逐步转型，房地产对投资拉动的作用越来越小，目前城镇房地产开发投资增速连续两年低于固定资产投资增速，并且明显呈下降趋势，可见，尽管房价一直在上涨，但房地产投资高增速的时代已过去。考虑到房地产投资本身逐步告别高速增长时代，"930 新政"效果立竿见影，10 月新房销售大幅下跌，根据国家统计局的数据，从新建商品住宅网签成交量看，大多一线和部分热点二线城市 10 月上半月的成交量比 9 月下半月明显下降。其中，成交量环比下降 80%—60% 的城市有 4 个，下降 60%—40% 的城市有 3 个，下降 40%—20% 的城市有 3 个。加上近期上交所和深交所均对房地产公司债发行进行收紧，房地产企业面临的外部融资环境变弱，但由于房地产销售下降对经济的影响会有一个滞后期，预计房地产行业对经济的短期影响会逐步在 2017 年显露出来。

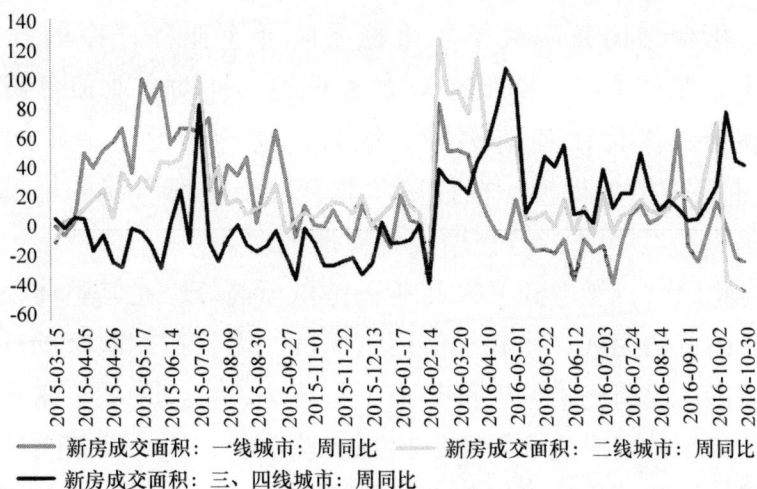

图 75　新政后房地产成交面积增长有所放缓

　　7. 从债务来看，中国目前稳增长的路径依然是"债务—投资"驱动模式，这决定了 2017 年中国总体债务仍将攀升，考虑到偿债周期，2017 年年初或是需要警惕的"明斯基时点"。

金融危机以来，中国经济增长主要依靠"债务—投资"驱动模式，虽然宽松货币带来的边际效用不断递减，政府主导的投资仍支撑着经济增长，2016 年经济的企稳筑底依然体现了稳增长路径并未改变。货币以银行信贷为主的债务形式投放给中央和地方的国有企业，以此开展由政府推出的大量以基础设施建设、房地产为主的投资项目，从而拉动经济增长。稳增长的主力军基础设施投资的高位增长以及政府债券和以国有企业为主的企业部门债务持续较高的增速表明目前经济筑底调整的路径依然是"债务—投资"驱动模式。尤其是在股灾之后，中国重返债券、贷款等债务融资路径之中，公司债、企业债在政策放松等影响下均呈现放量增长，导致 2016 年的债务加快上扬。由于债务问题链接实体经济和金融市场，高债务带来的高风险已成为经济稳定的巨大威胁。随着对目前债务问题高度重视，中央政府已采取一系列举措来化解，如在 6 月 24 日的债务吹风会后，出台《国务院关于积极稳妥降低企业杠杆率的意见》，通过企业兼并重组、降低企业财务负担、推动企业债务清理和债务整合、优化债务结构等。那么在这种情况下，我们认为 2017 年总体债务规模、杠杆率和非金融企业部门债务规模及杠杆率仍将持续上升，但是增速将有所放缓。

与此同时，考虑到未来几年仍是偿债高峰，尤其整体偿付压力较此前有增无减，尤其对信用债而言，而供给侧改革的逐步落实与推进，短期仍将给经济带来下行压力，由此来看，未来两三年债券市场信用风险水平难以出现实质改善，违约及信用风险事件仍可能时不时出现。以债券市场为例，未来一年到期的债券规模及只数来看，2016 年 11 月、12 月以及 2017 年 1 月均处于较高水平，其中信用债主体 AA - 及以下等级的发行人所发行的债券在 2016 年 12 月到期只数与规模最大，加上年底及春节前市场流

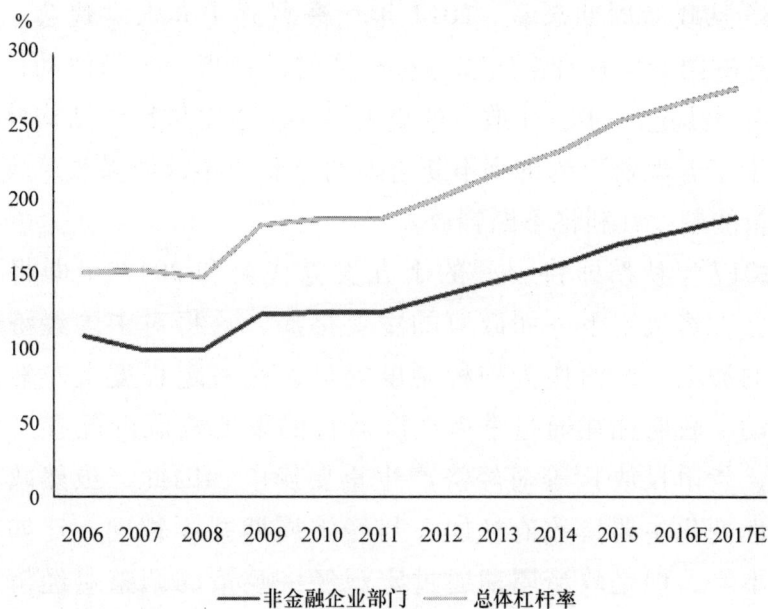

图 76　中国杠杆率的持续攀升

动性通常不会过于宽松，预计 2016 年年底到 2017 年年初可能是中国企业运转困难加剧、资金最为紧张的时点，是违约的又一个高发期。

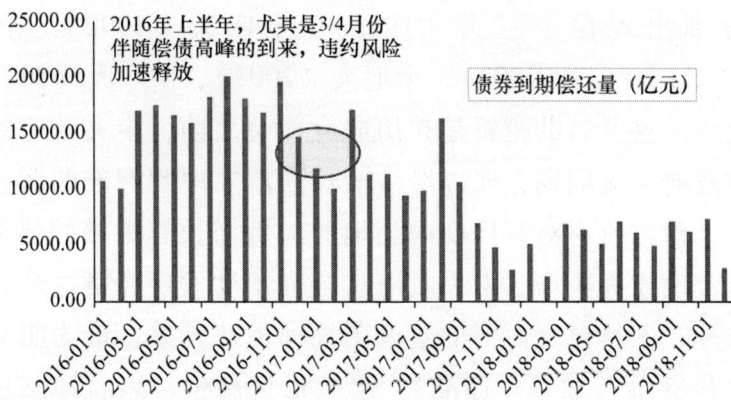

图 77　2016 年底、2017 年一季度或是违约风险的爆发的时点

8. 从政治周期来看，2017 年秋季召开十九大党代会、2018 年召开的两会，政府换届或将对经济增长带来一定的波动；同时 2017 年也是进一步深化改革的重要一年，也是供给侧结构性改革和"十三五规划"的细则不断落地的重要一年，如果改革攻坚顺利，新的制度红利将不断释放。

2017 年秋季即将召开的十九大党代会和 2018 年即将召开的两会，将决定下一届政府的主要格局，这将对中国经济带来一定的波动。政治作为一种制度安排，在一定程度上左右着经济波动，政府往往通过掌握经济运行的重要资源的配置（财政支出、货币投放）等对经济产生重要影响，因此，虽然政治的周期性变化主要指政府换届，与经济周期并不相同，比如波长明显不等，但是政治周期通过宏观经济政策的调整对经济运行影响明显，胡鞍钢（1994）、刘树成（2009）、陈伟龙、苗文龙（2010）等学者通过计量模型等不同方法，验证了人代会、党代会以及中央政府换届与经济波动周期之间存在较显著的相关性。

通过对中国以往政治周期的梳理，我们不难发现，自 1977 年以来，基本上每次中国共产党代表大会期间，都有投资加速和银行信贷放松现象，近 20 多年来几次总固定资产投资增长率的次峰值分别出现在十三大（1987）、十四大（1992）、十五大（1997）和十六大（2002）、十七大（2007）、十八大（2012）召开的次年。这背后的逻辑是在历届党代会之前，中央政府换届导致地方政府交流周期，而以经济增长为重要评判标准的晋升考核激励下，地方政府对其任期内当地的经济增长有饱满的热情，政治热情带动投资热情，中央政府从全局角度发现经济过热、通胀即将失控，于是自上而下的宏调紧缩即由此开始。最为明显的表现是收紧货币（加息、提准），严控信贷规模，然后抑制过快增加的项目投资，随后经济开始降温。于是中国式的政治经济周期循环不断进行，地方换届—投资冲动—倒逼信贷增长—经济过热—中央调控—货币收紧—经济降温。因此，可以认为政治周期通过宏观政策思路的调整在很大程度左右了经济周期的波动。

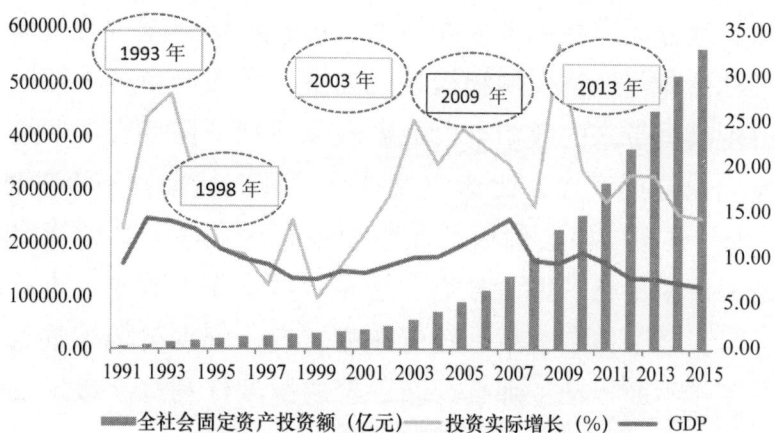

图78　中国的政治周期波动与经济波动

金融危机以来，随着中国经济发展进入新常态，从数据来看，政治周期的影响对经济波动比如对投资的波动影响似乎有所减小，这是因为我们在以往的报告中所强调的，在新的政治周期处于拐点过程中，新一届政府上台之后，运动式的反腐向制度性的反腐发展，由此带来的精英阶层的懈怠和地方政府拥政懒政所致；而目前这一状况略有改变，在稳增长的压力和吏治整顿的制度化等多重影响下，地方政府参与经济深化改革和转型的积极性略有提高；总体上，中国政治周期对经济波动影响的逻辑依然存在，那么2017年，作为政府换届交接的一年，宏观经济或多或少都会受到由于换届时期的宏观政策调整或者发展思路变化带来的冲击。

与此同时，2017年也是进一步深化改革的重要一年，也是供给侧结构性改革和"十三五规划"的细则不断落地的重要一年。根据中央深化改革领导小组的规划，中国各类重大改革在2015—2017年全面展开。近两年来，包括简政放权、降低税负、国有企

业改革等关键领域的改革在不断出台（如表9所示），随着"三
去一降一补"的推进，供给侧结构性改革也有一定推进。在中央
政府的积极带动下，由于反腐等带来的精英阶层的懈怠的现象略
有改变，地方政府的积极性在不断提高，再传递至微观层面，带
动整个社会参与经济发展积极性。如果，在政府换届中政府注重
消除由于换届带来的政策空白或者政策波动，保持宏观调控和改
革的连续性与持续性，改革中最难啃的骨头比如国有企业改革、
价格领域①放开等核心领域的改革如果有重大改变，围绕缩小收
入差距和要素价格"两大核心"改革，国有企业改革、土地制度
改革、财税金融体制改革、政府职能转变、资本市场等重点领域
的改革工作不断推动。那么，新一轮的制度红利将会激发发展的
内生动力。

表9   2014年以来深改组历次会议及会议要点

会议时间	审议或者审议通过文件	会议要点
第一次会议 （2014.1.22）	《中央全面深化改革领导小组工作规则》《中央有关部门贯彻落实党的十八届三中全会决定重要举措分工方案》等四个文件	规定领导小组工作准则；深化小组下设经济体制与生态文明体制、民主法治改革、文化体制改革、社会体制改革、党的建设制度改革、激励检查体制改革6个专项小组
第二次会议 （2014.2.28）	《关于经济体制和生态文明体制改革专项小组重大改革的汇报》等四个文件	明确2014年改革要点，重大改革要有法可依，要建立社会稳定评估机制

---

① 比如价格领域，根据《关于推进价格机制改革的若干意见》，将
推进水、石油、天然气、电力、交通运输等领域价格改革，主要目标是到
2017年竞争性领域和环节价格基本放开。《意见》明确了，到2017年，
竞争性领域和环节价格基本放开，政府定价范围主要限定在重要公用事
业、公益性服务、网络型自然垄断环节。

续表

会议时间	审议或者审议通过文件	会议要点
第三次会议 （2014.6.6）	《深化财税体制改革总体方案》《关于进一步推进户籍制度改革的意见》	加快户籍制度改革，要求全面开放建制镇和小城市落户限制等；提出财税体制改革的目的是明确事权、改革税制、稳定税负、透明预算、提高效率
第四次会议 （2014.8.18）	《党的十八届三中全会重要改革举措实施规划（2014—2020年)》	规范国企高管薪酬，深化考试招生制度改革，推动传统媒体和新兴媒体融合发展
第五次会议 （2014.9.29）	《关于引导农村土地承包经营权有序流转发展农业适度规模经营的意见》等三个文件	深化农村土地制度改革；促使承包权和经营权分离；让农民成为土地适度规模经营的参与者和真正受益者
第六次会议 （2014.10.27）	《关于中国（上海）自由贸易试验区工作进展和可复制改革试点经验的推广意见》等四个文件	健全国家创新体系，通过深化改革和制度创新，提高全社会创新能力
第七次会议 （2014.12.2）	《关于农村土地征收、集体经营性建设用地入市、宅基地制度改革试点工作的意见》等五个文件	继续深化农村土地制度改革，推进集体经营性建设用地入市、宅基地制度改革试点工作；强调加快构建现代公共文化服务体系
第八次会议 （2014.12.30）	《关于2014年全面社会改革工作的总结报告》《中央全面深化改革领导小组2015年工作要点》等四个文件	2014年80个重点改革任务基本完成，2015年重点提出一些起标志性、关联性作用的改革措施
第九次会议 （2015.1.30）	《中管企业纪委书记、副书记提名考察办法（试行）》等四个文件	强调地方各级党委着力抓好有关重要改革部署的具体实施，推出纪检改革的三个具体举措
第十次会议 （2015.2.27）	《上海市开展进一步规范领导干部配偶、子女及其配偶经商办企业管理工作的意见》等四个文件	针对领导干部亲属经商进行严格限制，以遏制腐败行为

会议时间	审议或者审议通过文件	会议要点
第十一次会议 （2015.4.1）	《党的十八届四中全会重要举措实施规划（2015—2020 年）》等五个文件	改革人民陪审员以及人民法院案件受理制度，对深化农村改革、鼓励社会力量兴办教育促进民办教育健康发展进行研究
第十二次会议 （2015.5.5）	《深化科技体制改革实施方案》《中国科协所属学会有序承接政府转移职能扩大试点工作实施方案》等五个文件	在部分区域系统全面推进创新改革试验；探索建立检察官提起公益诉讼制度；建立健全完善的法律援助工作
第十三次会议 （2015.6.5）	《关于在深化国有企业改革中坚持党的领导加强党的建设的若干意见》等三个文件	继续落实司法改革制度；深化国企改革，规范央企负责人薪资福利；推进户籍制度改革，建立居住证制度
第十四次会议 （2015.7.1）	《关于推动国有文化企业把社会效益放在首位、实现社会效益和经济效益相统一的指导意见》等五个文件	切实保护生态环境，对造成生态环境损害负有责任的领导干部，将严肃处理，终身追责
第十五次会议 （2015.8.18）	《关于改进审计查出突出问题整改情况向全国人大常委会报告机制的意见》等六个文件	推进审计整改工作制度化；全面改善贫困地区义务教育学校基本办学条件
第十六次会议 （2015.9.16）	《关于实行市场准入负面清单制度的意见》《关于推进价格机制改革的若干意见》等八个文件	实行市场准入负面清单制度；重点开放沿边地区经济社会发展；完善重点领域价格形成机制；推进国有企业项目引入非国有资本等
第十七次会议 （2015.10.13）	《深化国税、地税征管体制改革方案》等五个文件	深化国税、地税征管体系改革；推进农垦改革发展；立足国有资本的战略定位和发展目标，深化国企改革等
第十八次会议 （2015.11.9）	《关于加快实施自由贸易区战略的若干意见》《关于促进加工贸易创新发展的若干意见》《推进普惠金融发展规划（2016—2020年)》等八个文件	实施自由贸易区战略；促进加工贸易创新；发展普惠金融，提升金融服务的覆盖率、可得性、满意度等

续表

会议时间	审议或者审议通过文件	会议要点
第十九次会议 (2015.12.9)	《中央全面深化改革领导小组2015年工作总结报告》《中央全面深化改革领导小组2016年工作要点》等十个文件	整合城镇居民基本医疗保险和新型农村合作医疗两项制度，建立统一的城乡居民基本医疗保险制度等制度
第二十次会议 (2016.1.11)	《科协系统深化改革实施方案》《关于健全落实社会治安综合治理领导责任制的规定》等七个文件	健全落实社会治安综合治理领导责任制等
第二十一次会议 (2016.2.23)	无	落实改革要遵循改革规律和特点，推动改革举措早落地、见实效
第二十二次会议 (2016.3.22)	《关于深化投融资体制改革的意见》等八个文件	健全生态保护补偿机制；建立贫困退出机制，深化投融资体制改革
第二十三次会议 (2016.4.18)	《关于建立公平竞争审查制度的意见》等十一个文件	规范领导干部配偶、子女经商办企业行为；建立公平竞争审查制度，明确审查对象和方式等
第二十四次会议 (2016.5.20)	《探索实行耕地轮作休耕制度试点方案》等六个文件	统筹推进县域内城乡义务教育一体化发展，缩小城乡教育差距、促进教育公平等结果
第二十五次会议 (2016.6.27)	《关于海南省域"多规合一"改革试点情况的报告》《2015年各地全面深化改革推进情况和工作建议综合报告》等七个文件	加快推进对失信被执行人信用监督、警示和惩戒建设等
第二十六次会议 (2016.7.22)	《贫困地区水电矿产资源开发资产收益扶贫改革试点方案》等六个文件	达成资源开发和脱贫攻坚有机结合等

续表

会议时间	审议或者审议通过文件	会议要点
第二十七次会议（2016.8.30）	《关于构建绿色金融体系的指导意见》等十四个文件	发展绿色金融；产权制度是社会主义市场经济的基石；要发挥市场在资源配置中的决定性作用和更好发挥政府作用等
第二十八次会议（2016.10.11）	《关于深化统计管理体制改革提高统计数据真实性的意见》等十个文件	防范和惩治统计造假、弄虚作假，根本出路在深化统计管理体制改革；推进安全生产领域改革发展，关键是要做出制度性安排等

　　结合以上分析，世界经济深度调整仍将持续，美国经济数据喜忧参半、增长动力依然不强，欧盟除自身的结构性问题外还将受英国脱欧的进一步冲击，外需难有明显改观；与此同时，货币政策的分化和国家资本流入流出加剧了金融市场波动风险。从内部情况来看，中长期受制于人口红利渐失、全球化红利不在等因素制约的潜在增长平台下移；中长周期来看，在产业结构向以服务经济为主的转变过程中，劳动生产率的放缓都对经济增长形成制约；短周期来看，2016年年底或者2017年年初将是库存周期反弹的开始，对经济有一定提振作用；随着"三去一降一补"的持续推进，传统产业的调整持续，而新兴行业尚不能弥补传统动力的减弱；增长动力依然主要还是来自于内需，从结构来讲，消费需求持续平稳，因此变化则主要取决于投资需求，更具体地说是取决于基建、房地产、制造业这三大固定资产投资的增长，基建投资仍有空间但增长将趋缓，房地产开发投资和制造业投资仍受到行业调整的周期性变化而持续低迷，这决定了投资走向会进一步放缓；2017年又是政治周期波动的重要时点，政府换届的影响将对经济增长波动形成一定影响，又决定了总体上2017年经济仍将持续筑底，经济增长速度相对比较稳定。2018年或许是底部反弹的一年。

　　按照模型预测，同时考虑到需求结构与产业结构的平衡，

2017 年经济增长 6.5%，投资、消费、出口三大需求的增速分别
为 9.6%、10.2% 和 -2.7%，三次产业增速分别为 3.9%、
5.9% 和 7.5%。

二　2017 年需要关注的七大困境

2016 年，人大宏观论坛对经济运行中的深层次问题进行了梳
理，认为中国经济运行面临四大方面的问题，一是供给侧结构性
改革的着力点还没有完全找到；二是稳增长政策并没有缓解宏观
经济深层次问题，反而使各类扭曲大幅度上扬，资源配置的效率
持续恶化，经济主体的信心没有得到改善；三是经济回落的负反
馈机制开始发生变化，经济内生性下滑的压力有所加剧，"生产
效率预期下滑" + "投资收益预期下滑" + "收入增速预期下
滑" 所带来的市场型投资疲软和消费疲软开始向深度蔓延。短期
产出与中期潜在产出的负向强化机制、超国民收入分配所带来的
"消费—投资" 困局、实体经济与虚拟经济相对收益下滑所带来
的进一步 "脱实向虚" 三大新难题已经成为中国宏观经济摆脱持
续探底困境的核心障碍；四是当前宏观经济的短期企稳构建在大
规模政策宽松和泡沫化房地产复苏之上，实体经济与虚拟经济之
间的分化决定了中国宏观经济还没有形成持续稳定或复苏的基
础。我们认为，这些深层次的问题并未解决，2017 年中国宏观经
济仍具有巨大的不确定性，这些不确定性体现在对风险的认识和
化解方面，尤其是当前存在的一些风险会继续深化，总体上需要
重点关注以下七大困境。

**（一）在稳增长与防风险的压力下，调控政策再度出台，需
要警惕房地产行业发展或将再次进入短期调整带来的经济下行
压力**

2016 年以来，在全国房地产行业 "去库存" 的大趋势下，

我国的房地产交易市场反而持续回暖，一线城市交易尤为火爆，带动房价飙升。随着对中国房地产泡沫化担忧，政府对房地产的调控也开始加码，尤其是国庆前夕的"930"开始的这一波调控，北京和天津等20余个城市启动了调控政策应对房地产过快上涨，这一系列房地产调控政策的主要重点是如限购限贷、提高契税、提高贷款利率水平等抑制住房需求和有限度提高土地供给两个方面的措施。未来需关注房地产市场泡沫本身的风险，以及"930调控"为代表的新一轮房地产紧缩性调控政策对房地产市场短期走势的影响。

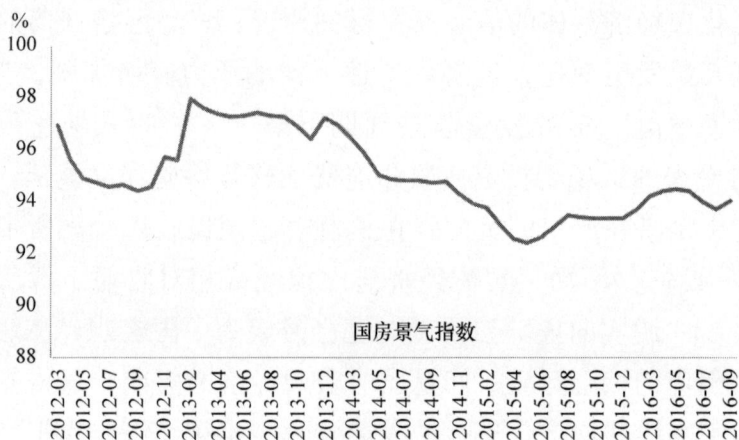

图 79　国房景气指数走势

第一，从稳增长的角度看，房地产投资总体表现乏力，房地产业将难以实现对投资和经济增长的拉动效应，而很可能再次产生较强的拖累效应，虽然一、二线城市房地产销售火爆，但由于城市土地供应等条件限制，不能充分转化为房地产投资增长，而三四线城市库存压力巨大，房地产投资已经逐步告别高增长阶段，对经济的拉动作用或减弱。截至2016年9月，全国商品房待售面积为6.96亿平方米，比2015年年底减少了3.1%。以2015年销售面积（约12.8万亿平方米）为去库存进行速度，以

1—9月累计商品房待售面积（6.96万亿平方米）以及房屋施工面积（71.6万亿平方米）作为库存基数，还需要〔（6.96 + 71.6）/12.8〕大约6.14年去库存。同时考虑到施工面积中包含当年已经竣工面积、施工面积中部分已经作为期房销售面积等因素，总体需要5—6年的时间进行去库存，去库存压力非常大。

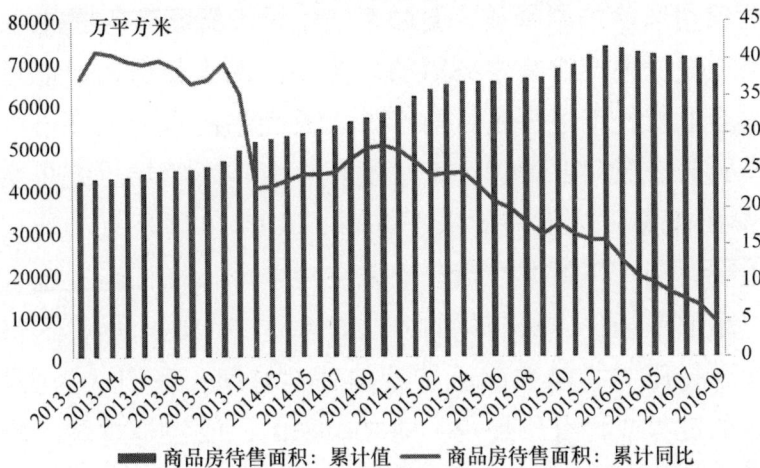

图80   商品房待售面积走势，去库存压力依然较大

第二，新一轮房地产调控政策对经济可能带来一定风险。本轮房地产调控政策表明全面宽松的房地产政策发生了变化，这有助于降低短期购房需求，缓和购房恐慌情绪，因而有助于平抑房价上涨势头和防范资产泡沫风险，但短期内也会对房地产销售和投资产生一定的影响。9月30日以来，房地产销售已经出现了明显的下降趋势，30个大中城市商品房成交套数和成交面积均显著下降。加上10月上海证券交易所明确房地产及产能过剩行业公司债券分类监管的标准，深圳证券交易所也发布了《关于试行房地产、产能过剩行业公司债券分类监管的函》，房地产企业面临的外部融资环境变弱。从紧资金环境有助于降低房地产市场杠杆率的过快上涨，降低资产泡沫和信贷违约风险。但本轮调控短期

内不利于稳定投资和经济增长。与过去多项房地产调控政策类似，这次调控依然没有真正解决房价上涨的根源，即土地供应垄断，土地供需错配，因而从中长期来看，也就无法真正控制房价上涨，反而可能带来挤压泡沫引发的经济下行风险。

（二）随着"三去一降一补"推进，企业去杠杆加速推动过剩行业信用风险加剧释放，金融系统性风险概率有所提升

去杠杆、去产能是中央重要任务中的两大任务，产能过剩和非金融企业杠杆率过高是目前产业发展面临的重要问题。中央曾经表态：未来三年要处置345家僵尸企业，用两年压缩煤炭和钢铁10%产能等。从当前的情况来看，2017年仍是去产能、调结构的重要时期。国新办在债务吹风会对未来去杠杆路径也有所明确，将采取市场化、法制化的方法解决这一问题。尽管这将加大制造业下行压力，但在改革转型的关键时期，我们认为去杠杆、去产能的进程或将有所加快，随之而来的，或将是过剩产能企业信用风险的进一步释放。目前债券市场频频爆发违约事件的表现，从已经违约的山东山水、保定天威再度违约到亚邦、东特钢、云峰私募债等违约，从民企到国企，从煤炭到汽车制造，违约事件和信用风险事件爆发频率均有所升级，更加说明了随着经济筑底持续，结构调整和过剩产能出清艰巨进行，违约事件常态化几乎不可避免；在这个过程中，中小企业尤其是民营企业由于缺少扶植政策，风险释放更为彻底，这也是为什么在国有企业加杠杆的背景下，民营企业持续去杠杆。

非金融企业部门较高的负债水平也会使债务违约风险不断增加，事实上，近两年来，部分企业的债务风险不论是在银行贷款、信托贷款还是债券市场，均有违约事件的发生。为了偿还债务，企业会面临出售资产的情况，当大量企业面临此情况时会造成资产价格的大幅下降，从而加剧市场动荡，情形严重时会导致资产价格崩溃，即引发"明斯基时点"。由于我国企业主要通过

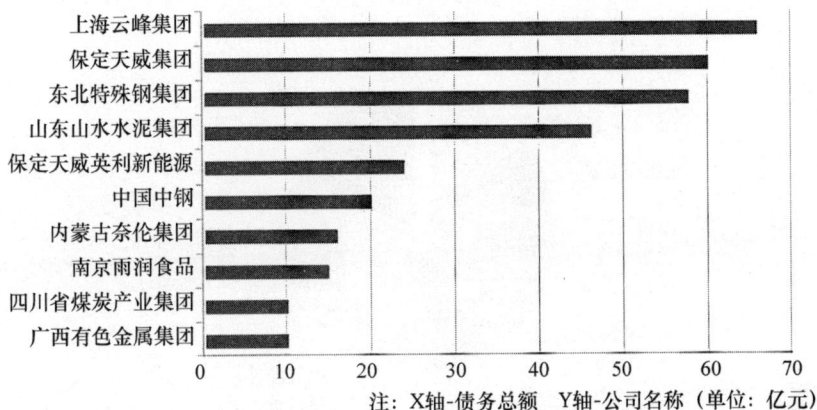

图81　近几年的债券违约情况

注：X轴-债务总额　Y轴-公司名称（单位：亿元）

间接融资，最终资产价格下跌、担保链上的企业风险上升等传导
至银行体系，银行的风险敞口将显著上升。由于银行系统会直接
或间接参与非银行金融机构的融资过程，因此，银行系统所面临
的风险将会由表外向表内不断扩大。随着风险在银行体系中不断
积聚，银行资产质量将不断恶化，会加强全球投资者对我国经济
下行的预期，从而导致金融市场的大幅波动，并使存款刚性支付
缺口问题凸显，进而引发银行等金融机构的支付风险向金融风险
的转变，加剧经济系统的脆弱性。在信用风险加快暴露的过程
中，金融体系中的银行受到大范围或者某一环节出问题波及银行
体系，那么系统性风险的发生概率就要提升。

**（三）债务规模不断攀升，信贷等资源主要积聚在效率相对
较低的国有企业；与此同时，国有企业改革与债务化解的矛盾凸
显给宏观经济运行带来一定困难**

金融危机后，随着刺激政策实施，我国非金融企业债务规模
和杠杆率均快速攀升；而随着经济结构调整和国有企业改革推
进，国有经济在国民经济中的比重虽然有所下降，但在资源配置

按行业类型

按企业性质

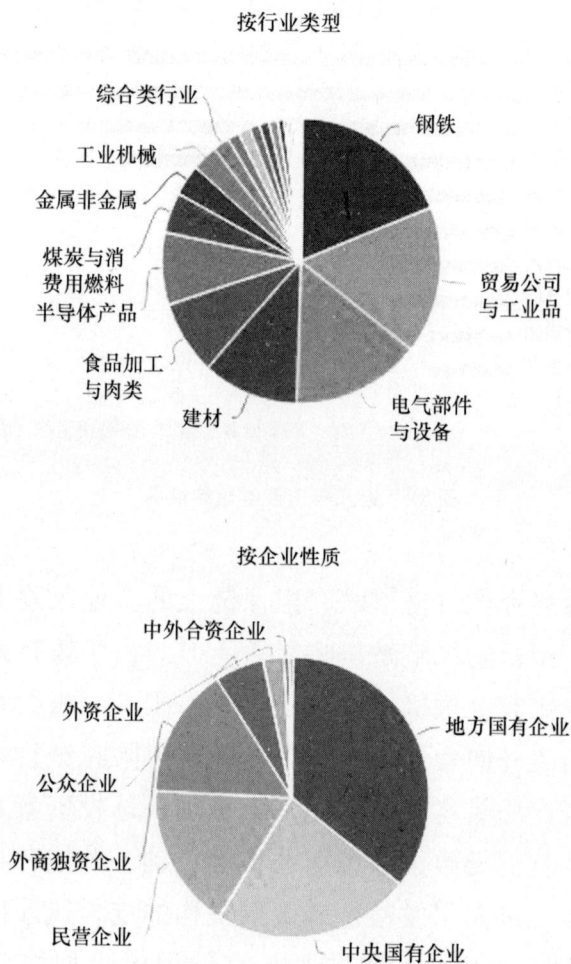

图 82　违约债券的行业和企业布局

中的地位却是不断增强的。虽然国有企业的总资产贡献率明显低于私营企业，而信贷资源却大多投向国有企业，体现在国有企业（尤其是地方国企和平台公司）的债务风险快速累积；2016 年以来，在大宗商品价格低位反弹等多种因素影响下，工业企业利润增长由负转正，但国有企业经济利润持续下滑，虽然三季度其利润走势有所改善，但相对其他所有制经济而言几乎是最差的，这说明整体资源配置效率在不断下滑。

在宏观经济持续下行、企业经营恶化、信用风险不断凸显的背景下，国有企业改革加快推进。虽然国有企业改革方案对于不同类型的央企、国企有不同归类的改革方案，但是由于国有企业不仅仅是市场经济的主体，还牵涉就业等重大民生问题，因此国有企业改革尤其是牵涉到违约后的国有企业债务处理就面临市场化与稳民生等诸如此类的矛盾。譬如 2014 年债项陆续开始违约的中钢集团，综合考虑其市场影响、就业等问题，国务院对其债务实施了债转股解决方案；而作为首例地方国企违约的东特钢则进入了破产程序。根据国资委的改革时间表，中央企业要在 2017 年年底完成公司制改制，全面推进国有企业公司制股份制改革的同时积极推动在企业改制上市、兼并重组、项目投资等方面积极引入民间资本和战略投资者。那么，2016 年四季度以及 2017 年仍然是国有企业改革的重要时期，存量上针对"僵尸企业"、过剩行业出清的解决，仍然会面临市场化推进与稳民生就业的矛盾。

（四）制造业并未走出调整底部，企业盈利改善并无实质性需求改善推进，未来仍有重回反复的可能

从 2016 年前三季度的数据来看，我国规模以上工业企业增加

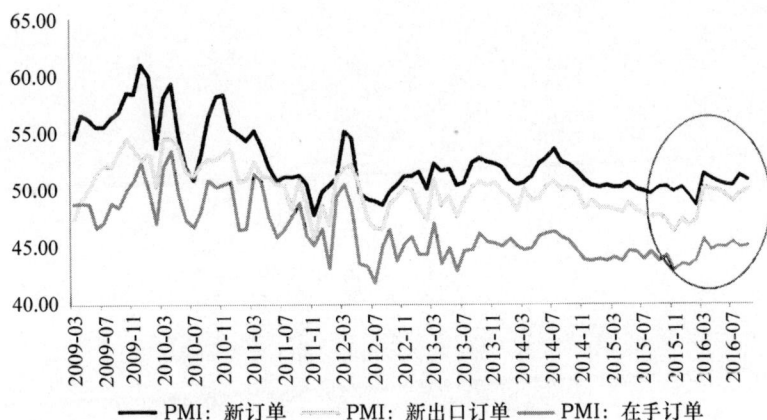

图83　工业企业需求并没有明显改善

值同比增长比上年同期略有好转，企业营业收入保持稳定增长，利润增长由负转正，工业领域价格指数下降幅度在不断收窄，9 月PPI 意外转正，这些数据的向好似乎说明中国工业、制造业已经走出调整的底部，行业基本面呈现持续向好迹象；但是事实上，制造

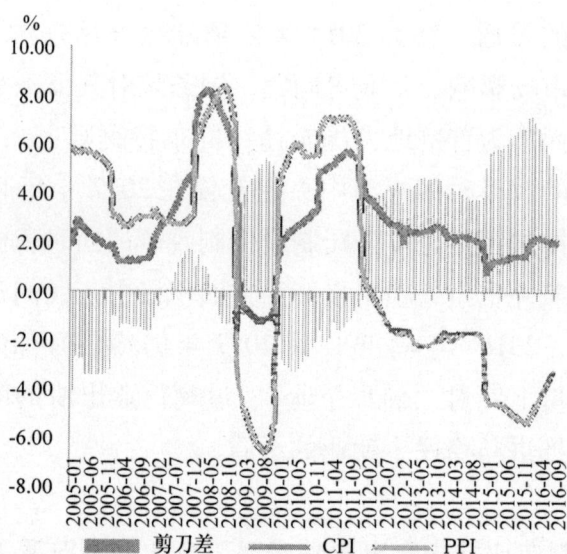

图 84　CPI 、PPI 以及二者剪刀差走势

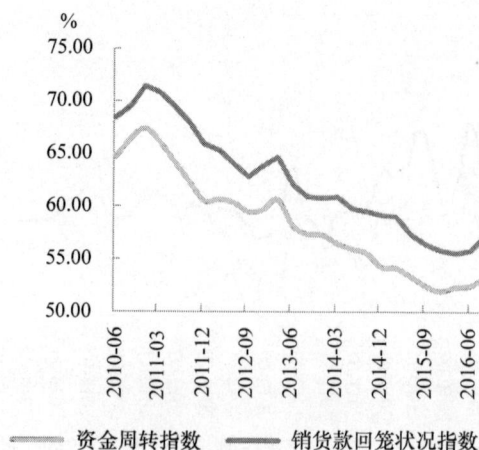

图 85　企业资金周转指数和销货款回笼状况指数

业基本面并没有明显的改善，工业领域这些指标的改善并不是因为需求有所恢复、企业成本实质性下降等决定趋势能够持续的关键性因素带来的，企业盈利的改善、工业品价格降幅的收窄更多是刺激政策、大宗商品价格低位反弹波动以及基数效应引致，从PMI的新订单、新出口订单以及在手订单情况来看，需求并无实质性改善，新订单指数比上月还有所回落。工业领域存在的产能过剩、债务问题等仍然考验2017年的中国经济。

随着我国债务水平的攀升，非金融企业杠杆率过高的问题仍是考验经济发展的重要问题，随着企业部门去杠杆推进，过快去杠杆、去杠杆过慢、如何去杠杆以及去杠杆面临的风险处理等都是极具挑战的问题（2015年的股灾等教训）。从未来发展来看，实体经济依然面临以下困境：一方面，如前文所分析企业实际运营成本依然较高，另一方面价格传导机制不顺畅带来上游成本无法向下游转移；与此同时，资金的避实就虚也加重了实体经济发展的困难，社会资金被地方融资平台、过剩产能行业等资金黑洞挤占，而企业盈利状况虽有改善，但资金紧张矛盾不断加剧；2017年在大宗商品价格走势低位波动的情况下，需求未有明显改善，去产能推进带来下行压力，未来工业企业盈利走势有可能出现恶化迹象。

（五）基建投资仍是稳增长的主力，但需要关注整体资金来源的稳定性

从固定资产投资构成来看，制造业、房地产和基础设施投资占固定资产总额近70%，是固定资产的主要构成部分；目前在产能过剩和房地产市场处于调整周期的背景下，制造业投资依然保持低迷，而房地产开发投资也会受到行业短期调整影响，增长恐难以持续改善；基础设施建设投资仍然是2017年稳定投资、稳定经济增长的主力。我国的基础设施投资主要由地方政府推动，依赖地方政府信用，通过城投融资实现。要保持基建高速增长，预算内财政和PPP模式融资是主要解决方式。但是财政收入放缓和 PPP 模式推进的缓慢使得依赖于地方政府信用背书获取城投融资的基础设施投资面临一定的资金压力。

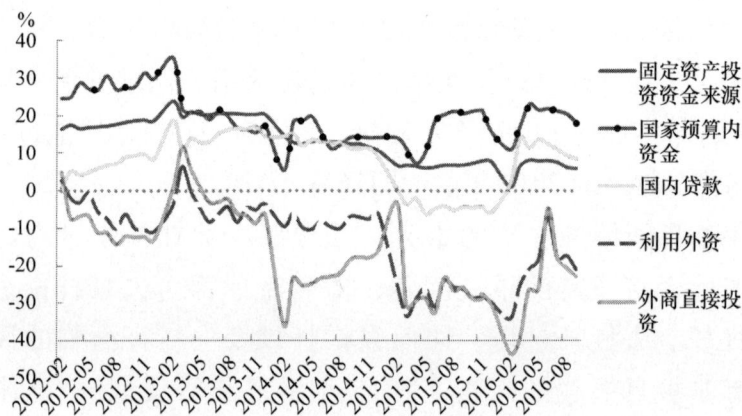

图86   固定资产投资资金来源走势

从目前的固定资产资金来源来看，2016 年 1—9 月固定资产投资资金来源增长比上半年以及去年同期均进一步下滑，依然处于较低水平。预算内资金增速在财政支出持续发力的作用下连续 4 个月保持 20% 以上的增长后滑落至 17.9% 高位，国内贷款增长比上年同期改善但年内延续 5 月以来的放缓态势，利用外资和外商直接投资持续下滑，并且下滑幅度进一步加大；总体而言，虽然国家预算持续高位增长，固定资产投资资金来源总体仍处于低位；从 2017 年看来，固定资产投资后续依然面临资金来源困境。具体来看，国家预算内资金保持增长，后期仍要受到因为经济放缓、结构性减税等因素导致的财政收入增长放缓牵制，财政收支矛盾进一步加剧，预算内资金在高位增长的基础上再上台阶比较困难；在总体资金中占比 15% 以上的国内贷款，随着央行稳健政策的持续，信贷增长将保持平稳态势，此项增速大幅改善的概率较小；随着实体经济投资回报率下降，投资信心受影响，占比超过 50% 的自筹资金难以大幅明显改善，而民间投资的走势或许在一定程度上也能反映出这份资金增长的动向；利用外资持续下滑且幅度进一步扩大，说明市场主体对未来经济仍持谨慎态度。总体上来看，固定资产投资尤其是作为稳增长主力的基础设施投资极大可能性仍然会面临资金来源约束。

（六）民间投资增长持续下滑的改善概率较小，企业持币待投资的"流动性陷阱"持续，这将加大经济下行压力

无论从企业数量上，还是从对中国经济的贡献来看，当前民营企业已然成为我国经济的重要支柱。不过，作为我国经济支柱的民营经济在近期投资表现低迷，2016年以来，民间固定资产投资累计增速持续跌至新低，从2015年年底的10.1%，一路下跌至2016年7月和8月的2.1%，9月略有回升至2.5%。

当前民间投资增速下挫是短期因素和累积因素叠加的结果，其中短期因素是经济周期调整、经济增长方式进入低增速的新常态模式，经济低迷的大环境使得传统行业回报率下滑、民间资本抽离实体经济、对外投资增多。民间投资最重要的两大领域是制造业和房地产业，尤其是制造业占绝对地位，当制造业回报率下降时，也是民间投资下滑的阶段。从工业企业的主营业务收入及利润总额的增速来看，工业领域在近两年经过了过山车一般的变化，工业企业主营业务收入增速从2013年6月的11.4%下跌至2016年2月的1%，到2016年5月，增速为2.9%。而利润总额的增速从2013年10月的13.7%下跌到2015年2月的−4.2%。可以说经济生产中的投资回报率的下降，是民间固定资产投资增速下滑的最直接的原因。但长期以来，制约民营经济发展更多的是制度上的诸多障碍，如融资困境、税负较重、在某些领域也与国有企业有不对等的地位。第一，民营经济税负较重，与国有企业享有不平等的税负水平；第二，民营企业面临较宽的融资压力。民营企业面临着融资渠道单一的困境，一方面，直接融资渠道狭窄，另一方面，间接融资也面临较高的门槛，商业银行更倾向于将资金贷给政府的融资平台或者国有企业。而资金匮乏，短期不利于民营企业的经营改善，长期更阻碍了民营经济的整体发展和创新升级；第三，某些领域内依旧存在不对等的制度障碍。民营企业大多集中于享受低成本资源、劳动力等简单成本优势的领域，如制造业、房地产业、采矿业、批发零售等行业。尽管近来年来政府不断出台促进自由平等竞争的政策，但大多执行起来难度较大，在教育、医疗等行业，民营企业依然没有享有与国有企业同等的市场竞争机会，面临较高的进入门槛。

短期因素和累积因素叠加，加之民营经济本身的粗放式发展，这些累积因素共同导致民间投资增速大幅下跌，由于经济前景不确定性较大，企业更加倾向于持币待投，这直接反映在今年以来狭义货币（M1）的增速远高于广义货币（M2）的增速，M2—M1剪刀差日益增大，基于上述原因，我们判断民间投资增长下滑改善的概率较小。企业投资积极性下挫，从长远看不利于企业的创新和经济的发展，从短期看企业持币待投也会加大经济的流动性风险。

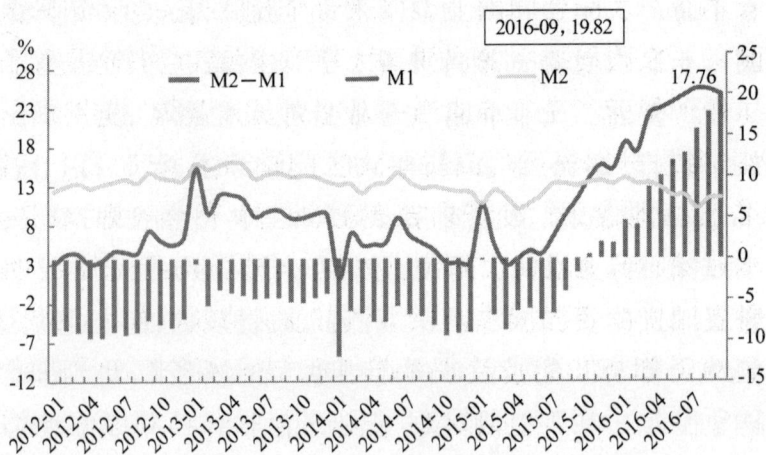

图87 M1与M2增速不断扩大，反映了企业持币待投资的"流动性陷阱"持续

（七）国际金融市场波动加剧、人民币汇率短期波动和双向波动加大、资本流出压力对国内金融市场冲击影响仍将加强，需要警惕由此引发的系统性风险

2016 年以来，国际金融市场波动有所加剧，资本流动的频率有所增强。2016 年初，由于汇率贬值、经济预期等原因，国际资本从新兴经济体流出有所加快；而人民币汇率延续了 2015 年底快速贬值的趋势，跨境资本流出规模加大，在一定程度上引起了我国金融市场乃至全球金融市场的波动；尽管后期随着监管部门的干预、美国加息预期的减弱、美元走低等，人民币兑美元汇率走势由大幅波动转为相对稳定，但无疑汇率波动对金融市场的稳定影响作用加大。二季度以来，由于美国加息的延缓、英国脱欧、日本和欧盟负利率政策的加码以及汇率变化等因素，二、三季度全球资本开始向新兴经济体净流入，总体上资本的流入、流出相对更为频繁。而近期，人民币兑美元汇率贬值压力凸显，短期波动有所加剧，尤其是英国脱欧事件后，英镑、欧元贬值带来美元被动升值，人民币短期内贬值的压力进一步增强；10 月美国大选"黑天鹅"事件，以及 12 月美联储加息预期上升，全球资本流动很可能在 2016 年底和 2017 年初出现较大的逆转。

随着人民币贬值，或许是市场接受程度加大，金融市场如股市和债市波动并没有像 2015 年以及 2016 年初受到很大影响，外汇储备继 4 月小幅改善后，虽然降幅收窄，但仍呈现趋势性减少迹象。但无疑，人民币汇率的短期波动和双向波动加强将加大我国金融市场的波动以及增加货币政策调控的难度；在我国利率市场化和汇率形成机制改革向纵深发展的大环境下，境内外利差、汇差变动将推动着各类经济主体寻找市场投资和投机的机会，是推动资金跨境流动的重要力量，短期内跨境资金双向流动增加也是必然的。从 2017 年来看，随着全球资产泡沫的加剧，将会带来流动性收紧预期，那么在外部冲击和全球流动性收紧预期下，人民币过度贬值和资本加速外逃的风险仍然存在；如果人民币过快贬值，将与资本流

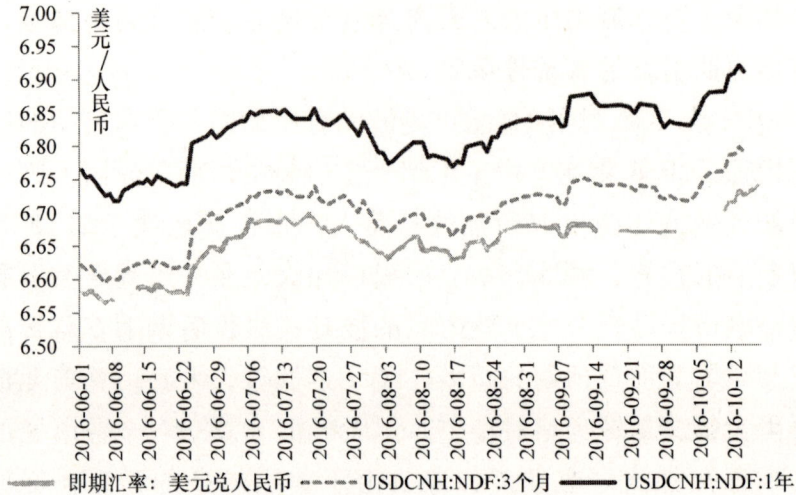

图88　人民币再度出现贬值趋势

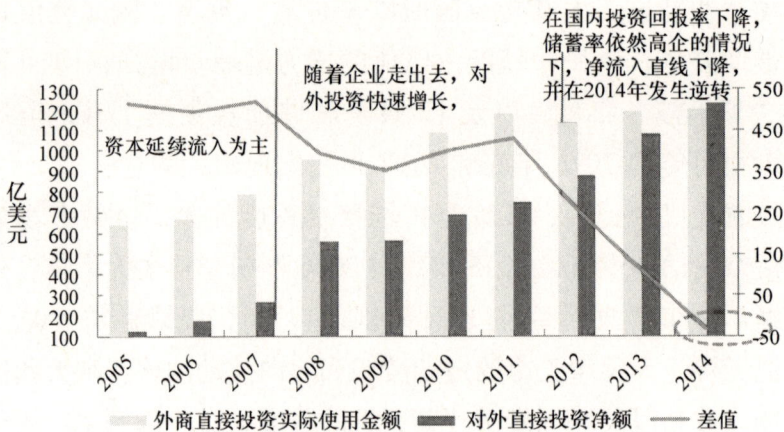

图89　资本流动发生阶段性变化

出与国内股市波动形成恶性循环，压缩货币政策操作空间，有可能使货币市场利率上升，引发债市风险。同时，还会使企业海外负债成本增加，可能造成部分企业出现短期偿债风险。如果叠加信用风险，导致市场信心震荡乃至沦丧，那么流动性枯竭将会持续，整个金融体系的系统性风险发生概率将大幅提升。

三　小结

（一）2017 年仍将持续筑底，经济增长 6.5% 左右

结合以上分析，世界经济深度调整仍将持续，美国经济数据喜忧参半、增长动力依然不强，欧盟除自身的结构性问题外还将受英国脱欧的进一步冲击，外需难有明显改观；与此同时，货币政策的分化和国家资本流入流出加剧了金融市场波动风险。从内部情况来看，中长期受制于人口红利渐失、全球化红利不再等因素制约的潜在增长平台下移；中长周期来看，在产业结构向以服务经济为主的转变过程中，劳动生产率的放缓都对经济增长形成制约；短周期来看，2016 年年底或者 2017 年年初将是库存周期反弹的开始，对经济有一定提振作用；随着"三去一降一补"的持续推进，传统产业的调整持续，而新兴行业尚不能弥补传统动力的减弱；增长动力依然主要还是来自于内需，从结构来讲，消费需求持续平稳，因此变化则主要取决于投资需求，更具体地说是取决于基建、房地产、制造业这三大固定资产投资的增长，基建投资仍有空间但增长将趋缓，房地产开发投资和制造业投资仍受到行业调整的周期性变化而持续低迷，这决定了投资走向会进一步放缓；2017 年又是政治周期波动的重要时点，政府换届的影响将对经济增长波动形成一定影响；又决定了总体上 2017 年经济仍将持续筑底，经济增长速度相对比较稳定。2018 年或许是底部反弹的一年。

（二）中国经济面临的困境本质上都是与债务问题密切相关

我们认为，2017 年面临的七大困境本质上还是由目前中国经济增长的主要路径所决定的，目前"债务—投资"驱动模式还是稳增长的主要方式。货币以银行信贷为主的债务形式投放给中央和地方的国有企业，以此开展由政府推出的大量以基础设施建

设、房地产为主的投资项目，拉动经济增长的同时也带来了资产泡沫、企业债务的高企等等问题；僵尸企业的迟迟不能出清，更多地受制于债务结构中国有企业占比较高且能利用其隐形担保获取更多的信贷资源不断滚动。债务工具的使用在经济发展中具有重要作用，适度的"负债"不仅能够提高资金的配置效率，而且能够促进经济增长，但如果负债过高或者配置结构不合理（期限结构、主体结构等），则会造成信用违约频发、金融机构不良贷款陡升、资产价格崩溃，最终导致金融危机的全面爆发。从目前的情况来看，无论是实体经济还是虚拟经济，其投资收益率的下降和资金使用效率的降低已逐渐弱化了"债务—投资"驱动模式的效用，高债务带来的高风险已成为经济稳定的巨大威胁。正如我们上面分析中所认为的，在中短期影响经济增长的众多周期性力量中，债务周期是影响中国经济是否发生危机或者继续恶化的最重要的力量。当前信用违约频发、泡沫聚集乃至引发系统性风险概率上升的环节中，债务风险是经济运行中需要密切关注的重中之重。

第四部分 债务风险是经济发展中需密切关注的重中之重

从本报告前文的论述中，在影响经济增长的众多周期性力量中，债务周期是影响中国经济是否发生危机或者继续恶化的最重要的力量。中国经济运行中诸多深层次问题，本质上都与债务问题密切相关，比如资产泡沫的聚集，实际上是"债务—投资"驱动模式中投放的大量货币在股市、债市以及房地产等领域的伺机流动；中国目前的债务规模已经积累至相当水平，债务的结构性问题尤其是非金融企业结构风险凸显，债务风险是经济运行中需要密切关注的重要问题，也是经济工作中需要防范的重中之重。

一 中国债务尤其是广义政府类债务高于警戒线，债务风险已成为重中之重

中国目前的债务规模已经积累至相当水平，20 世纪以来全球发生的经济危机，其本质大都是债务和债务衍生工具引起的金融危机，而目前我国的债务规模高企，尤其是非金融企业的债务问题日益加深，防范债务危机是当前经济发展中不应忽视的重中之重。

（一）金融危机以来，中国总体债务规模快速攀升，总杠杆率在全球处于较高的水平

1. 总债务持续攀升，债务率已超过 250%。

根据国际清算银行数据，截至 2016 年 3 月末，我国总债务规

模高达175.38万亿元,而1995年年底仅有6.64万亿元,总杠杆率(总债务规模/GDP)也由109.1%飙升至254.9%。从历史数据趋势来看,1995年以来,我国杠杆率水平随着金融危机的发生而有两波明显的跃升。第一波始于1997年亚洲金融危机,债务率在近7年的时间里由110%左右的水平上升至约170%,直至2004年才开始逐步回落。第二波则始于2008年美国次贷危机,债务率由2008年年末的147%升至2016年3月末的254.9%,上升幅度较上一次危机时期更为明显。对比两次危机时期,2008年债务规模扩张的速度明显更快,2016年3月底的债务规模已达到2008年年底的2.77倍,而反观GDP增速却一路下滑。可以看出,这一阶段加大投资及扩张信贷的政策对于经济的刺激作用并不及上次危机时期,债务规模的增加并未得到相应的产出增加,经济运行效率的降低导致杠杆率以更快的速度增长,债务负担日益加重。

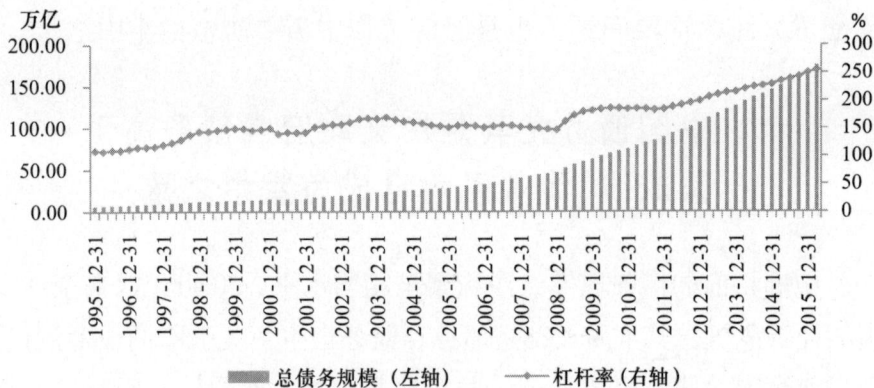

图90 我国总债务规模及总杠杆率的历史趋势

数据来源:国际清算银行,中诚信国际整理。

2. 从国际比较来看,总杠杆率已处于全球较高水平。

与全球其他国家相比,我国杠杆率(254.9%)虽然低于日本(394%)、英国(266%)、加拿大(288%)等发达经济体国家，但已超过美国（253%）、澳大利亚（247%）及韩国（237%），并远高于印度（130%）、巴西（146%）和俄罗斯（89%）等新兴经济体的杠杆率。从杠杆率扩张速度来看，2005年年底，我国的债务率还仅有 151.3%，但经历金融危机到次高速增长再到迈入"三期叠加"的新常态，杠杆率在 10 年提高了103.6 个百分点，而美国的杠杆率提升同样的幅度，则经历了 30年，日本和英国也经历了近 20 年。

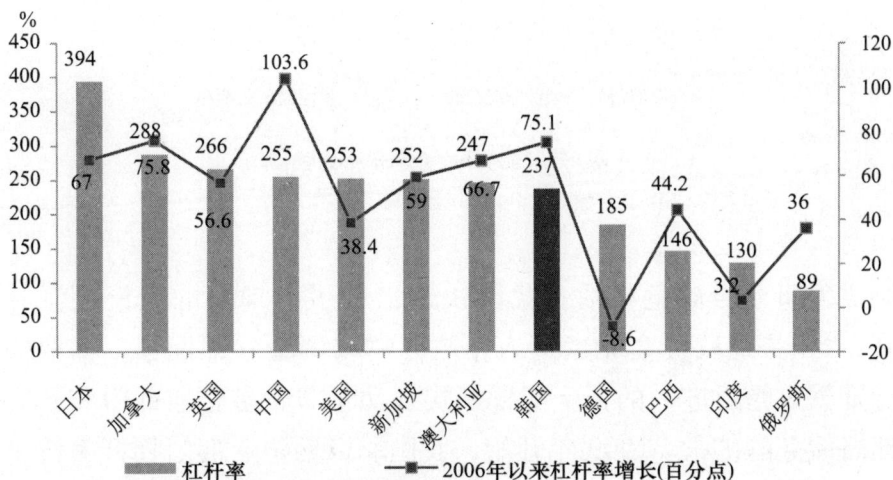

图 91 主要国家杠杆率水平（2016 年一季度）

数据来源：BIS，中诚信国际整理。

（二）广义政府类债务水平凸显，非金融企业尤其是国有企业债务水平高企，结构性风险突出

1. 债务结构失衡，债务风险集中于国有企业部门。

分部门来看，我国的债务风险明显集中于非金融企业部门，政府部门和居民部门的杠杆率水平相对较低。截至 2016 年 3 月末，我国非金融企业杠杆率高达 169.1%，远高于世界平均水平（95.5%）、新兴市场国家平均水平（106.4%）和发达国家平均水平（89.4%），而政府和居民部门杠杆率则分别为 45.2% 和 40.7%。

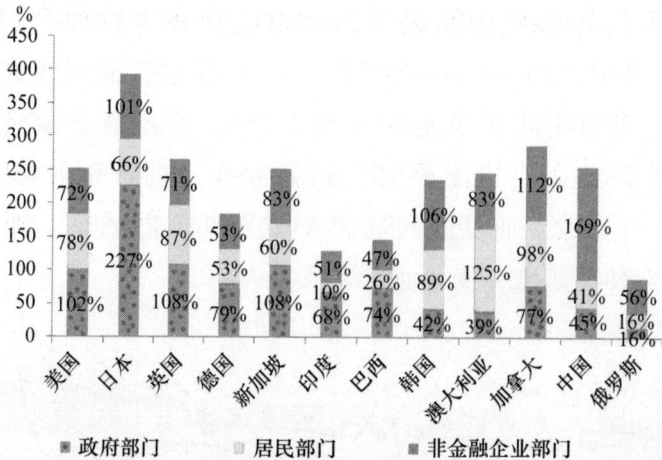

图 92　国内外杠杆率水平比较

数据来源：国际清算银行，中诚信国际整理。

2008 年金融危机后，我国快速出台了大规模的经济刺激计划，"中央财政资金先期进入，地方财政资金立即配套，商业银行贷款大幅跟进"的资金配置模式推动了非金融企业部门和政府部门债务的扩张。2009 年开始，我国非金融企业部门杠杆率便步入上升区间，2012 年后杠杆率更是以每年 10 个百分点的速度持续扩张。截至 2016 年 3 月末，非金融企业杠杆率已经比 2008 年底高出 72 个百分点，对总杠杆率增长的贡献超三分之二。与其他国家相比，我国非金融企业杠杆率也明显偏高，如美国非金融企业部门的杠杆率为 72%，英国为 71%、日本为 101%、韩国为 106%，同时也远高于 90% 的国际警戒线。单从我国相对不平衡的债务结构来看，非金融企业部门债务的高企是我国杠杆率不断攀升的决定性因素，失衡的债务结构已经在企业部门内部积聚了较高的债务风险。

2. 随着资源向效率相对低下的国有企业部门倾斜，非金融企业的债务风险更集中于国有企业。

如果将非金融企业部门的债务进行进一步的细化，则可以发

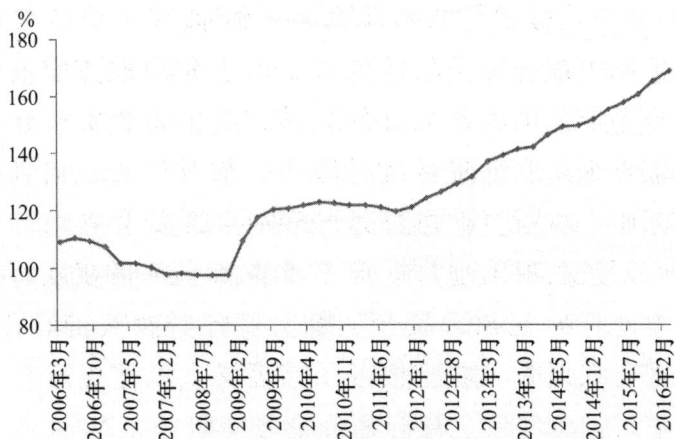

图93   我国非金融企业杠杆率变化趋势

数据来源：国际清算银行，中诚信国际整理。

现，我国不仅总债务结构存在严重失衡的现象，非金融企业部门内部的债务分配也明显向国有企业倾斜，债务风险高度集中。2008年以来，虽然国有经济在国民经济中的比重有所下降，但在资源配置中的地位却是不断增强的，尤其是在房地产、煤炭、钢铁、有色金属等过剩行业领域。根据财政部网站公布的数据，截至2016年3月末，全国国有及国有控股企业（以下简称"国有企业"）负债总规模为81.20万亿元，若暂不考虑不同统计口径之间的差异，国有企业负债规模约占BIS口径非金融企业部门债务规模的69.8%，由此可估算出民营企业债务占比为30.2%，国有企业和民营企业的杠杆率分别约为118%和51.1%。国有企业债务率远高于民营企业，非金融企业部门债务问题的核心即在于国有企业债务。尤其是在直接融资的债券市场上，国有企业占据着绝大部分的资金。截至9月底，国有企业债券在信用债中的规模占比高达86%。如此背景下，国有企业偿债风险不断积聚，同时也加大系统性风险发生的可能性。

3. 考虑了政府部分隐性担保责任的广义政府债务水平高达

109.53%，远高于市场预期。

BIS 等现有的研究中所计算的政府债务主要从考虑了负有偿还责任和可能担保责任的债务，由于我国地方政府与国有企业、城投企业之间不可分割的关系，我们将融资平台类的城投企业的债务纳入政府债务的计算中，作为广义政府债务。在国有企业当中，城投企业可谓是与政府关联最为密切的一类融资主体。由于过去我国地方政府不具备自主举债权限，在金融危机后地方政府补充财政资金、加大基建类投资的动力催生下，城投公司飞快成长。城投债务虽然名义上以非金融企业债务的形式存在，但却实际上履行着政府债务职责。2014 年年底发布的 43 号文明确提出剥离融资平台公司的政府融资职能，融资平台不得新增政府债务。但从政策实际执行情况来看，平台公司的转型难度依然较大，目前还处于政策过渡期内。为考察政府实际负担的债务水平，我们暂且将平台企业债务也纳入政府债务的考量范围。根据我们的测算，平台企业债务规模约为44.26 万亿元，约占国企债务规模的 54.51%。将这部分债务计算进来后，我国广义政府债务占 GDP 比重将从45.2% 上升到 109.53%。同时，考虑到平台企业债务的利率相对高于地方政府债务，政府实际承担的利息也更高。

表10   中诚信国际关于广义政府债务的测算

计算口径	部门分类	政府债务/GDP（%）
原口径	国有企业	118.00
	非国有企业	51.10
	政府部门	45.20
广义口径一 （平台企业债务纳入政府债务）	国有企业	53.67
	非国有企业	51.10
	政府部门	109.53

续表

计算口径	部门分类	政府债务/GDP（%）
广义口径二 （国企债务纳入政府债务）	国有企业	0
	非国有企业	51.10
	政府部门	163.20

若考虑更广义的政府债务，由于市场普遍认为当国有企业出现债务危机时，政府为维护国有企业的声誉及战略地位仍会选择性地承担着最后救助人的角色。若将这部分政府可能承担偿还责任的债务全部包括在内，政府实际承担的债务占GDP比重将会高达163.2%，相应地，非金融企业部门杠杆率则由169.1%降至51.1%。可以看出，两种宽口径下计算的广义政府部门债务占GDP比重不但远高于欧盟警戒线60%，同时也远高于国际通行警戒线100%。

（三）在目前日本、英国、欧洲央行推行负利率的背景下，中国的利率中枢水平相对较高，企业付息压力相比而言处于较高水平

目前，在全球负利率盛行的环境下，尽管我国利率水平中枢也整体有所下移，但仍高于美国、日本、德国等主要经济体国家，我国并不具有发达国家那样低成本的债务融资优势。以10年期国债到期收益率为例，2016年9月，我国的利率水平约为2.75%，较美国和英国分别高约110bp和190bp，较日本、法国和德国高250bp以上。相对高的利率水平给我国带来了沉重的付息压力。根据三季度央行公布的金融机构加权平均贷款利率，结合近期发行的债券发行利率水平，可以估算出我国所负担债务的年利息支出为8.52万亿元，约占2015年GDP的

13%。① 由于这部分所使用的利率为近期的平均利率，考虑到长期以来我国利率水平的下降趋势，现有存量债务的平均利率水平应该会更高，因而13%的利息占GDP的比重只是保守的估计结果。在融资成本较高的环境下，我国持续扩张的债务规模又同时面临着严峻的付息压力，债务风险进一步提升。

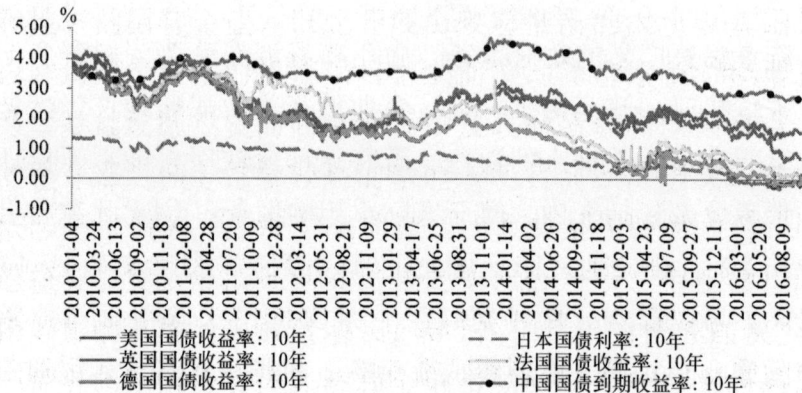

图94　国内外利率水平对比

数据来源：恒生聚源，中诚信国际整理。

（四）居民部门杠杆率适中，但攀升较快，后续增长空间有限

正如前文所分析，目前我国居民负债水平相对适中，但是近几年增长迅速。与非金融企业部门类似，我国居民杠杆率的上升

---

① 2016年三季度央行公布的金融机构贷款平均利率水平为5.26%，近期发行的利率债、信用债平均发行利率为2.70%和3.50%。假设总债务中仅包括金融机构贷款和债券，截至2016年一季度末，利率债（包括国债、地方债）和信用债存量规模分别为16.45万亿元和16.21万亿元，总债务规模中扣除这两部分后可得到一季度末的金融机构贷款规模为142.72万亿元，将利率债、信用债和金融机构贷款的规模分别乘以相应的利率后加总，可估算出债务年利息规模为8.52万亿元，约占2015年全年GDP的13%。

主要是在 2008 年之后快速攀升，从 2008 年的 18% 上升至 2016 年一季度的 41%，居民部门杠杆率增加了 23 个百分点；与美国、日本等国家相比，当前的居民部门杠杆率仅仅相当于美国 60 年代和日本 70 年代中后期的水平，也低于 85% 的国际警戒线。但是与同等发展水平的国家相比，高于巴西、俄罗斯和印度等新兴市场国家。尤其是从增速来看，2008 年以来居民部门负债率年均增速超过了 24%，扩张速度远超其他国家。

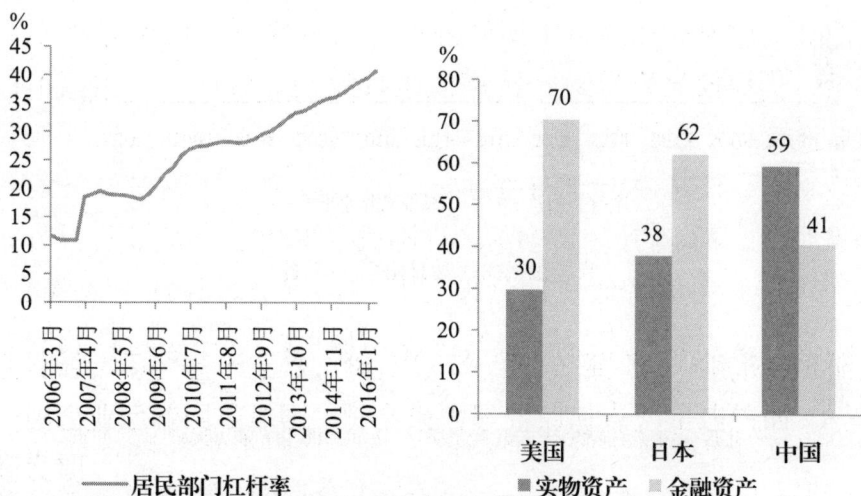

图 95　居民部门杠杆率快速攀升，居民资产以实物为准

居民部门负债增加主要来自于购房贷款的扩张。从负债结构来看，我国居民的负债全部表现为贷款，主要是以房贷为主的中长期消费贷款，占比超过 50%。事实上，2008 年金融危机以后，随着房地产市场周期性变化，居民负债率都相应快速增加。比如 2009 年、2013 年、2015 年年底至今，尤其是最近一轮，根据我们第二部分的分析，在 2016 年 9 月人民币新增贷款中，居民部门的占比已经从 24.2% 攀升至 46.44%，房地产贷款余额也从 2015 年同期的 20.2 万亿元增加 25.3 万亿元，增长 25.2%，个人房贷余额达到 17.93 万亿元，同比增长 33.1%。而从房贷增量来

看，当前居民部门债务率快速攀升难以持续。从房贷增量来看，中国新增房贷占 GDP 比重从 2015 年快速上升，目前维持在 3% 左右的水平，二季度新增个人房贷占比则达到了 7.56% 的高位；对于美国和日本，美国新增房贷占比在 2008 年金融危机前最高值为 8%，日本在 1989 年泡沫破灭前历史高值为 3.5%。从这个角度来讲，居民部门以房贷为主的债务增长模式可能很难维持前期高速的扩张水平。

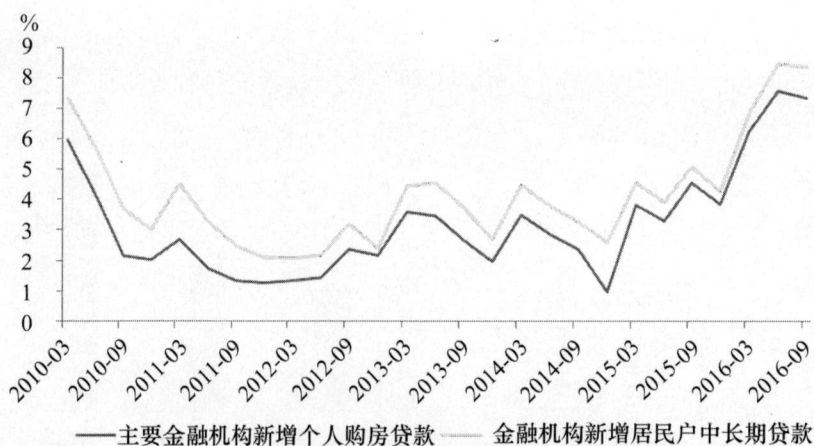

图96　中国居民新增房贷占 GDP 比重

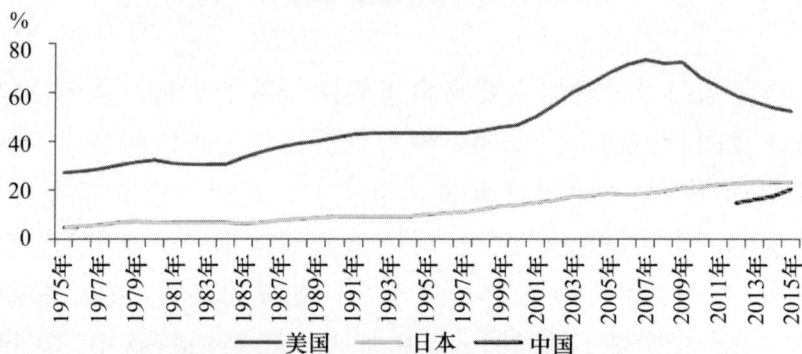

图97　美、日、中房贷余额占 GDP 比重分析

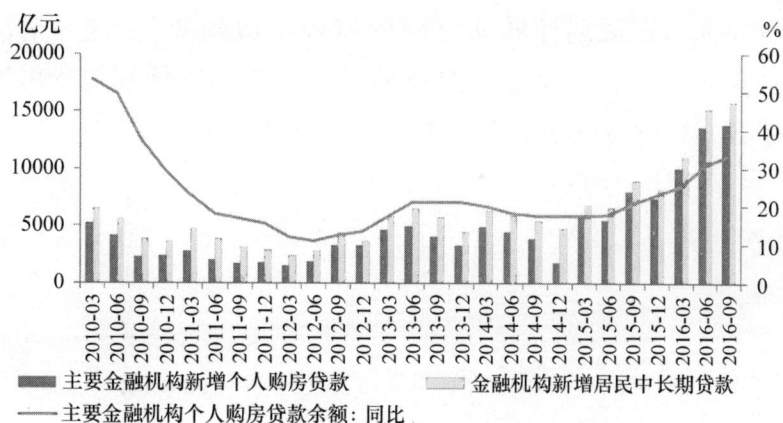

图98　我国房贷快速增长

二　债务风险形成的原因和影响

（一）中国债务风险以及资产泡沫形成原因

1. 刺激政策带来的巨量货币投放是主要原因。

2008 年以来，为应对全球金融危机，我国出台了包括"四万亿"投资、十大产业振兴计划等在内的大量刺激性政策，通过对基础设施的投资和房地产来拉动国内经济增长，由此进入了以高负债为主的加杠杆周期。基础设施和房地产又带动了钢铁、水泥、化工项目的发展，其中政府及大型国有企业主要承担了这部分的投资。地方政府通过地方融资平台等手段大量举债发展，以期进一步刺激当地经济，助推了地方政府及相关企业杠杆率的增长。在这种"债务—投资"驱动模式下，一方面中国经济率先在全球中企稳；另一方面，随之而来是非金融企业部门尤其是国有企业部门、房地产企业部门杠杆率的快速增长，推动总体杠杆率不断攀升。后危机时期，随着全球经济进入深度调整时期，主要发达经济体对其资产负债表进行修复并开始了缓慢的去杠杆，经济增长和国际贸易的放缓带来外需的持续低迷；而国内有效需求相对不足，产能过剩与供给不足的结构性矛盾凸显，经济下行压力不断加大，宏观调控转向定向调控和"微刺激"，这种情况下并没有改变"债务—投资"的驱动模式，微刺激释放的货币通过贷款等方式转化为债务，债务规模持续攀升。

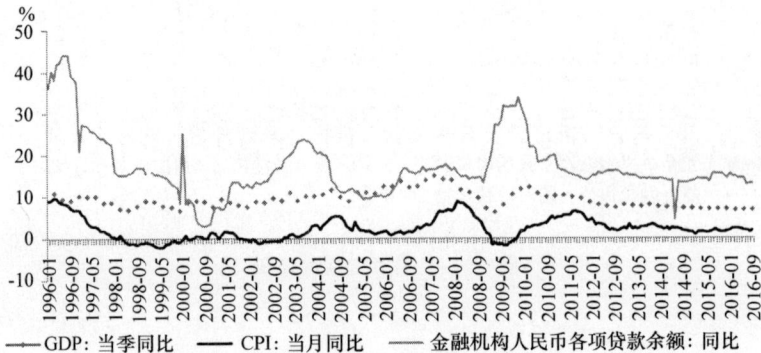

图99　1996 年以来经济增长、价格水平以及信贷规模变化趋势
数据来源：恒生聚源，中诚信国际整理。

2. 资本市场的不健全是杠杆率高企尤其是国有企业杠杆率高企的技术性因素。

近两年，随着金融领域改革的不断推进，建立多层次资本市场有所推进，但由于长期以来我国金融市场以银行为主体的间接融资为主，股权融资发展相对滞后，债权融资一直占据企业融资的主要地位。截至 2016 年三季度末，我国非金融企业股权融资占社会融资存量规模为4%，尽管比 2015 年同期和五年前均有提升，但是相对于债权的融资比例依然偏低；企业发展过度依赖于债权融资，而债权融资更偏好于国企和大型企业，这就导致大量资金流向国有企业并推高了国有企业的杠杆率，特别是那些具有地方政府担保的企业。此外，由于资本市场的发展不能完全满足融资需求，助推了影子银行的快速发展，影子银行存在的信息不对称和融资成本高等特点，更加大了金融系统风险的不确定性。

表11　　　　　　　　　　我国企业股票融资和债券①融资占比

	社会融资总额 （亿元）	非金融企业境内股票 融资占比（%）	非金融企业债券 占比（%）
2006	42697	3.60	5.41
2007	59664	7.26	3.83
2008	69804	4.76	7.91
2009	139105	2.41	8.89
2010	140191	4.13	7.89
2011	128286	3.41	10.65
2012	157631	1.59	14.31
2013	173168	1.28	10.46
2014	164133	2.65	14.51
2015	152936.08	4.97	18.47

3. "刚性兑付"幻觉和监管分割是债务雪球不断滚动变大的原因之一。

在债务市场不断扩大的过程中，"刚性兑付"幻觉是债务雪球不断滚动变大的原因之一，尤其是由各级政府背书的国有企业、地方融资平台等主体依靠刚兑预期不断借新债，债务规模不断膨胀。债券市场发展初期，出于培育市场、控制风险等考虑，监管机构审批的发债主体多为实力雄厚的央企和地方国企，金融危机爆发，随着刺激政策的落地，越来越多的融资平台以企业名义为政府融资，而地方政府又经常愿意出具各种形式的"兜底函"、"担保函"为债务提供隐性担保。政府和企业债务责任的边界模糊是让市场形成一切国企均有政府背书和刚性兑付观念的最主要原因。近两年，"超日债"违约打破了刚兑，之前被认为安

———

① 这里的债券融资，是直接融资的一种形式，也是债权融资的一个方面，但并不代表总体债权。债权融资包括银行贷款、债券发行等，体现为总债务规模等。

全的央企和地方国企不断曝出信用风险和违约事件，同时财政收入的放缓和经济下滑使得地方政府兜底的意愿不断降低，债务风险不断凸显；此外，债券市场监管的"五龙治水"以及监管不到位等都对债务风险的积累起到了推波助澜的作用。

（二）债务高企尤其是非金融企业债务高企的影响和危害

1. 债务融资为主的特点造成金融资源错配，延缓经济转型升级。

从目前的情况来看，杠杆率较高的企业往往集中在钢铁、水泥、电解铝等产能过剩的国有企业，这些企业往往缺乏主动"造血"的功能，仅仅依靠银行"输血"维持。长期以来，我国企业融资渠道主要通过银行进行间接融资，而银行为了避免出现巨额的不良贷款，在当前宏观经济下行的背景下，更倾向于对有政府信用担保的国有企业进行放贷，这也是为什么占据资金黑洞的"僵尸企业"能够持续获得银行输血的原因。在这种模式下，信贷资源持续向过剩产能比较集中、效率比较低下的国有企业倾斜。尤其是经济下行压力较大、不良贷款余额和不良率攀升的情况下，银行信贷加大对大中型企业尤其是国有企业的倾斜，对中小企业和新兴企业会收紧信贷，从而对其造成信贷挤出，金融资源错配的现象不断加重。而目前我国正面临产业结构调整期，新兴行业正处于发展的初级阶段，如果对新兴行业的贷款减少，则会延缓我国产业升级的顺利进行。此外，随着我国"去产能"、"去库存"的逐步推进，银行业不良资产余额和不良贷款率将会进一步攀升，也会加剧银行惜贷的情况，从而形成金融资源错配的恶性循环。

2. 总体债务负担过重，在一定程度会降低经济增长。

债务负担过重，对于企业而言会加重企业的财务负担。在企业经营环境没有明显改善的情况下，企业偿债成本不断增加；同时，企业生产成本也越来越高，致使利润不断缩减。此外，企业为了偿还债务会出售资产，这就引发资产价格大幅下降以及企业价值出现缩水，由此引发市场担忧的"债务—通缩"现象的发生，并会造成企业贷款需求下降，企业的投资能力也将不断弱化。另外，银行惜贷也会减少家庭和企业的贷款，导致消费需求和投资需求下降，从而降低总需求水平，并拖累我国经济增长的步伐。

3. 违约风险加剧市场动荡，市场信心急剧下降，引发流动性枯竭，加大金融系统性风险。

非金融企业部门较高的杠杆率也会使债务违约风险不断增加，为了偿还债务，企业会面临出售资产的情况，当大量企业面临此情况时会造成资产价格的大幅下降，从而加剧市场动荡，情形严重时会导致资产价格崩溃，即引发"明斯基时点"。而且，企业之间还存在联合担保或相互担保的情况，当担保链的某一环节出现问题时，整个担保链上的企业风险均会上升，严重时会加剧整个行业的风险，并向银行转移。由于我国企业主要通过间接融资的方式进行融资，且多数为抵押贷款，资产价格大幅下跌会导致银行违约的概率大幅增加，银行的风险敞口将显著上升。由于银行系统会直接或间接参与非银行金融机构的融资过程，因此，银行系统所面临的风险将会由表外向表内不断扩大。随着风险在银行体系中不断积聚，银行资产质量将不断恶化，会加强全球投资者对我国经济下行的预期，从而导致金融市场的大幅波动，并使存款刚性支付缺口问题凸显，进而引发银行等金融机构的支付风险向金融风险的转变，加剧经济系统的脆弱性。

三　债务危机是否能够引发中国真正意义的经济危机

（一）目前，总体债务和市场信心均已处于"临界点"，需要警惕由此引发中国真正意义的经济危机

1. 从国际上通用的债务危机指标来看，中国相关指标处于较高水平，债务风险隐患较大。

　　许多关于危机预警系统文献都发现信贷扩张①和信贷缺口（Credit-to-GDP gap）②是金融危机的先行指标。而对比中国及各国发生危机时的这两项指标，可以发现中国的这两项指标均已经接近甚至超过各国危机前夕的数值。根据 BIS 公布的数据，从非金融部门的债务率来看，中国目前的总杠杆率水平（254.9%）已经远远高于墨西哥比索危机前的 77.7% 和泰国在亚洲金融危机前的 188.8%，略高于美国金融危机前的 238.5%，并接近西班牙金融与经济危机前的 262.1%。而如果从非金融企业部门的债务水平来看，中国企业部门杠杆率水平已经超过上述国家发生金融危机或经济危机前的企业部门债务水平。

　　而从信贷缺口来看，日本在 20 世纪 90 年代危机发生前，信贷产出缺口超过 20%；亚洲金融危机发生前东南亚国家印尼、泰国等信贷产出缺口分别达到 17.3% 和 35.7%；美国金融危机前该指标为 12.4%。而中国私人非金融部门信贷/GDP 缺口指标在 2016 年一季度已经升至 30.1%，是从 1995 年追踪中国相关数据以来的最高值，超过美国、日本、印尼危机前的该指标值，接近泰国发生危机前的该项指标。

　　由于各国国情不尽相同，因而不同国家能够承受的债务水平自然会有一定的差距，而从历史上各国的债务周期来看，信贷扩张也并不必然带来系统性的经济危机。然而高企的债务以及信贷缺口水平确实值得警惕。特别是考虑到中国广义政府债务水平已经超过了国际警戒线水平，市场信心将在很大程度上影响政府信用的维持，这意味着，政府在解决债务问题上必须应当谨慎。一旦市场对政府信用失去信心，政府信用的崩溃将导致国内发生严

---

　　①　可以用债务率 Credit-to-GDP 来反映信贷扩张水平，Credit-to-GDP 指所有有息债务占 GDP 比例，而不是仅仅指信贷与 GDP 之比。

　　②　Credit-to-GDP gap 是 Credit-to-GDP 实际值与其长期趋势值之间的缺口。

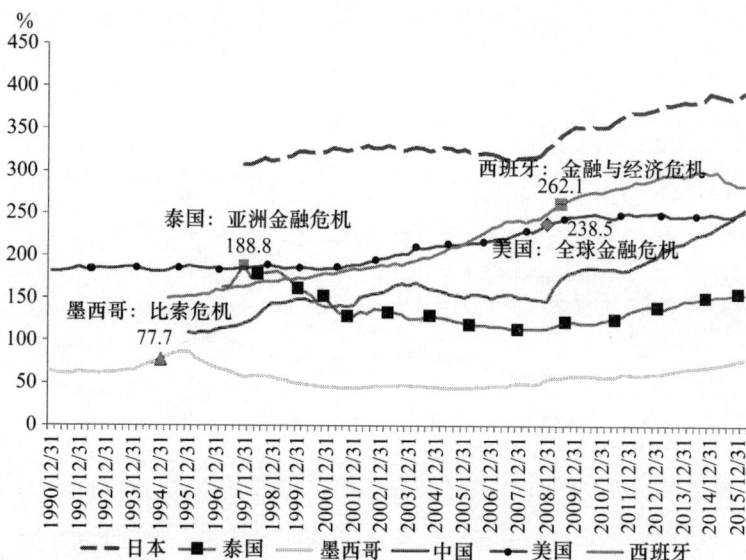

图 100　各国债务危机前后的非金融部门总杠杆率水平

资料来源：BIS，中诚信国际。

重的经济危机。

2. 投机性及庞氏融资占比较高，宏观经济与金融体系脆弱性上升。

2008 年以来在"信贷—投资"驱动模式下，非金融部门总杠杆率已经从 2008 年的不到 150%，上升为 2015 年的 250%。按照本文第一部分的估算，2015 年我国所负担债务的年利息支出就达到 8.52 万亿元，约占 2015 年全年 GDP 的 13%，在整个社会融资总额中占比接近 60%。由此可见，社会融资规模中有很大一部分比例是用来还本付息，而不是进行投资。这可能意味着从整体上而言，中国国内融资结构中投机性融资者及庞氏融资者的比重已经远远超过了对冲性融资者。中国"债务—投资"增长模式的运行机制也因此有所改变，经济实体逐步步入"借新还旧"→"借新还息"→"资产负债表恶化"的困境中。

分部门来看，自 2008 年以来居民部门债务以年均超过 24% 的速度快速增长，而同期居民人均可支配收入年均增速约为

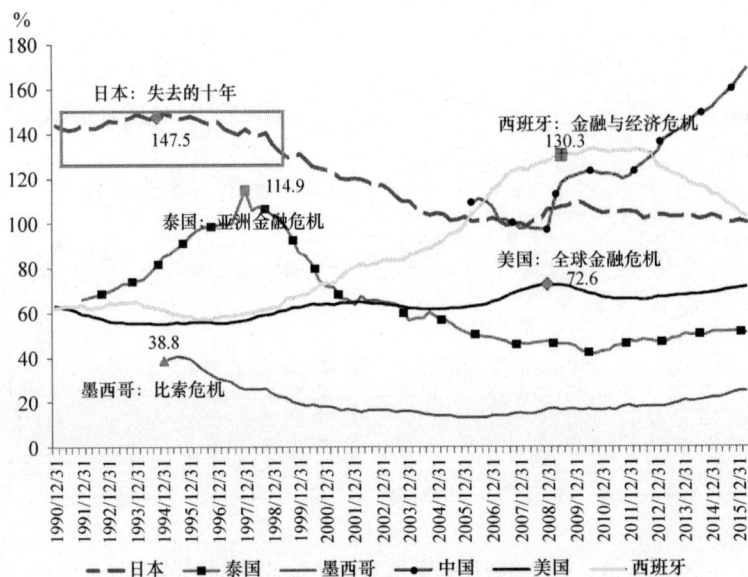

图 101 各国债务危机前后的非金融企业部门总杠杆率水平

资料来源：BIS，中诚信国际。

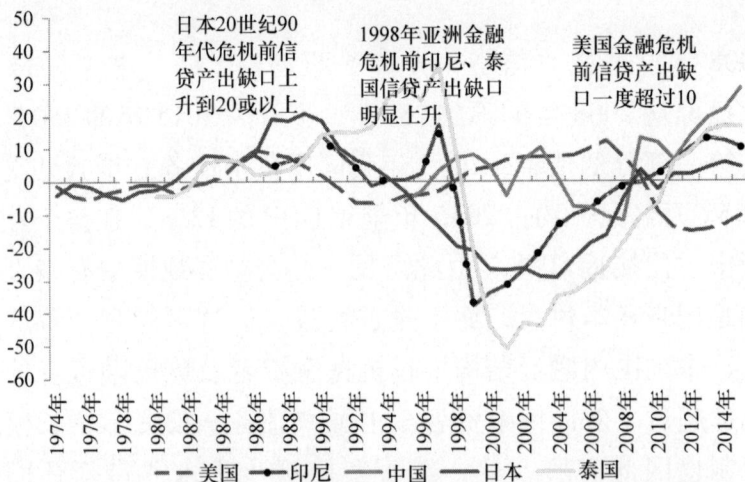

图 102 各国债务危机前后的信贷缺口

11%,这意味着居民部门收入对其债务的保障程度呈现出逐年下降趋势。不过至 2015 年,人均可支配收入仍相当于人均负债规模的 1.5 倍,由此来看,居民部门整体上属于对冲性融资者。非金融企业部门,以发债企业为样本来看,2015 年仅有 77 家企业 EBITDA/短期债务比值大于 1,在总样本中的占比不到 2%。进一步观察这些发债企业利息保障倍数指标,可以发现已获利息倍数小于 1 的企业有 375 家,占全部样本的比例约 9%,[①] 这意味着国内企业部门以投机性融资者为主,且有约十分之一的企业当年息税前的利润不能完全覆盖利息,属于庞氏融资者。从政府部门来看,2015 年财政收入 15.2 万亿元,当年政府性债务余额超过 30 万亿元,而利息支出 1.5 万亿元,假定短期债务占比超过 50%,则政府部门的财政收入就无法覆盖其当期应付债务,此时政府部门也将成为投机性融资者。2015 年以来实施的地方政府债务置换是将地方政府短期且成本较高的债务置换为更长期、更低成本的债务,这在某种程度上将延缓政府部门由对冲性融资方式向投机性、庞氏融资方式转变。可以看出,在总债务占据较高比例的企业部门是以投机性融资方式为主,其中还有相当一部分比例采取的是庞氏融资方式。由此反映出当前国内金融体系的脆弱性正在逐步上升。

　　3. 局部风险释放已经产生了一定的市场冲击,市场信心恢复减弱了冲击效应。

　　近几年,随着债券市场违约事件的频繁发生,以及银行不良贷款率的加速上扬,金融市场乃至实体经济已经受到一些冲击。

　　在债券市场上,受 2016 年一季度违约事件频繁发生的影响,

---

　　① 选取 2015 年发债企业经审计的年报为依据,其中可以根据公布的指标计算出 EBITDA/短期债务的样本共有 4161 家,这 4161 家企业中可以根据公布的相关指标计算已获利息倍数的企业有 3570 家,如以 3570 为总样本计算已获利息倍数小于 1 所占的比例,则企业部门中庞氏融资者的比例为 10.5%。

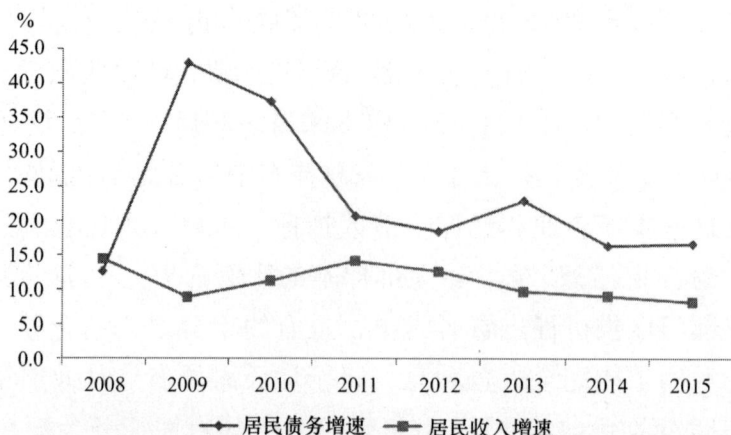

图103　居民收入增速及其债务增速（2008—2015年）

资料来源：choice，BIS，中诚信国际整理。

债券发行与交易在4月、5月受到显著冲击。当时一级市场发行量骤减，投资者的谨慎情绪使得很多企业发行债券的认购量不足，被取消或推迟发行，二级市场收益率也短暂上行，尤其是中铁物资大规模债券取消交易大幅推升了风险溢价，低等级间利差也明显走阔。不过，随着城投公司取消提前兑付、国资委出面解决中铁物资事件等，向市场传递政府在解决央企、国企债务方面的积极态度，为信用债市场带来一定的正面情绪，加上新增违约事件发生的频率也明显降低，一、二级市场又逐步回暖。不过债券市场信用风险积聚与释放已经成为各方共识，未来市场对信用风险的反应将更为敏感，违约带来的市场冲击还将存在，一旦出现非预期的信用事件，或是资金面出现逆转，不排除债券市场再次遇冷。

在信贷市场上，"偿债能力恶化—金融机构收紧融资—企业资金断裂—信用风险进一步深化"的恶性循环已经有所显现。随着越来越多的企业，特别是一些国有企业的信用质量也出现恶化，银行在进行放贷时更为谨慎，2016年前三季度，新增的非金融性公司及其他部门的贷款累计 5.27 万亿元, 较 2015 年同期回落了近 12 个百分点。新增的非金融性公司及其他部门贷款在新增人民币贷款中的占比也从 2015 年的 63% 回落至 51.9%。在债券市场上, 近两三年不断出现因为银行抽贷导致企业经营难以为继, 从而对债券兑付产生不利影响的现象。部分银行在债务人出现贷款逾期后, 向法院申请冻结企业资产, 这使得企业经营更为困难或发生资金链断裂。贷款逾期的风险快速向包括债券在内的

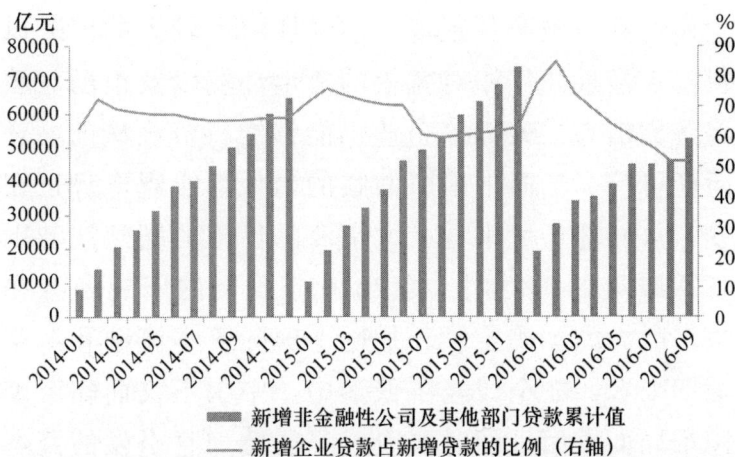

新增非金融性公司及其他部门贷款累计值
—— 新增企业贷款占新增贷款的比例 (右轴)

图 104　企业新增贷款同比回落且在贷款总额中的占比下降

资料来源: choice, 中诚信国际整理。

其他债务传导。目前来看, 无论是债券市场违约带来的冲击, 还是信贷市场融资收紧产生的负面效应都是短暂的、非连续性的, 尚未对这两个市场的融资功能造成重大损害。这其中, 政府在解决国有企业债务问题上表现出来的积极态度以及坚持守住不发生系统性风险的底线对维护市场信心起到重大作用。然而, 由于当前国内金融体系的脆弱性及敏感性日益抬升, 非预期的外部事件冲击很可能将引起债务危机乃至经济衰退不可逆转的发生。

（二）当前状况下，债务危机可能引爆的三种路径

投机性融资和庞氏融资能否持续，依赖于信贷环境的宽松和资产价格的不断上涨，一旦这些条件不具备，融资链条就会断裂。投机性资产的损失促使放贷者收回其贷款，从而导致资产价值的崩溃，而资产价格"螺旋加速下降"效应会造成瞬间的金融动荡。就中国的情况而言，经济活动中投机性融资者及庞氏融资者占据了较高比例，并且出现了个别企业因为过度负债而发生违约甚至破产的现象，已经埋藏了较大的债务风险隐患。但得益于最近几年相对宽松的资金环境以及市场对政府托底宏观经济的信心，大部分企业仍能够维持资金链的循环，系统性风险尚可控。然而中国所面临的内外部宏观形势正在逐步发生转变：从外部环境来看，大宗商品价格的剧烈波动以及各国央行货币政策的不协调，给 2016 年脆弱的宏观经济和金融市场带来了巨大的不确定性，加剧了国际资本流动和汇率波动风险。短期来看，在全球经济低迷中，中国不仅面临突破出口收缩的困难局面，而且随时要应对美联储加息引发的资本流动冲击，以及大宗商品价格变动带来的成本冲击；从内部环境来看，过去几年稳增长的一系列政策也同时带来了以房地产为代表的资产泡沫风险和以债券为代表的债务违约风险加速上扬问题，2015 年年末中央明确供给侧结构性改革的大方向后，2016年以来实体经济去产能以及金融体系去杠杆全面推进，导致市场整体波动性加大。在上述复杂的内外部环境下，未来仍需要警惕债务危机沿着以下三条路径传导：

1. 货币政策收紧带来利率上行，引发企业资金链断裂。

路径一：金融去杠杆—货币政策收紧—利率上升—企业资金链断裂。

为了降低实体经济融资成本、为稳增长创造必要的资金环境，2014 年以来货币政策逐步放宽，但由于经济增速的持续下

行，流动性偏好逐步上升。资金"脱实就虚"加剧，更偏好流动性更强的金融领域。这导致金融体系的杠杆在经济基本面持续偏弱的时候反而出现不断上升的趋势，潜在金融风险日益扩大。2015年6月、7月"股灾"正是由于股票市场存在的高杠杆的配资导致一旦监管收紧，股票资产价格持续下跌。

为了防止在其他金融市场上发生类似"股灾"这样的泡沫危机，2016年以来监管机构逐步推进金融去杠杆。货币政策尽管在总基调上仍为保持市场流动性宽裕稳定，但在操作工具及操作思路上发生了转变：操作工具上，更多通过公开市场操作，搭配SLF、MLF、PSL等工具来维持资金面稳定，而对降息、降准这类全面放水的政策工具谨慎使用，在操作思路上则更加注重"精准滴灌"。8月以来，央行更是相继重启了14天、28天期逆回购，通过增加相对更长期的资金投放拉高资金的平均成本。近期央行又表示"正在研究将表外理财业务正式纳入广义信贷范围的时机和具体方案，引导银行加强对表外业务风险的管理"。货币政策的这种变化，虽然旨在引导金融机构逐步去杠杆，避免资金进一步"脱实向虚"，但由于目前货币政策操作工具的控制权更多在央行手里面，这要求央行对市场资金需求及对资金成本的承受能力有准确的估测，一旦央行资金投放力度不及市场预期或需求，或者资金成本超过机构所承受的范围，则很可能出现类似2013年"钱荒"的恐慌性的踩踏事件，并引发市场的连锁反应。

资金面的非预期收紧，一方面将提高金融机构的资金成本，进而导致实体经济融资成本上升，除此之外，金融机构的资金紧张，可能会导致其在金融市场上抛售金融资产，也会推动市场利率上行，抬升融资成本。对于基本面相对较好，本身能够负担债务还本付息的企业而言，融资成本上升会削弱其融资需求，减少投资，这反过来又会降低收入，偿债能力弱化，逐步由自行偿还债务向借新还旧转变；而对于本身债务负担就较重的单位，融资成本上升进一步加重其债务负担，此时反而会有更高的融资需求以维持债务的正常循环；另一方面，由于资金面的非预期收紧，金融机构的可贷资金减少，信贷资源的稀缺使得金融机构在放贷时更为谨慎，对风险溢价要求更高，如此循环，要么高债务负担的企业因不能及时融资，资金链断裂，发生违约及破产，金融机构风险偏好降低，融资条件进一步收紧，更多企业融资受阻，发生经营困难、债务违约甚至破产清算；要么企业通过提高利率获得融资，继续维持债务循环，但由于成本上升，其越来越难以通过自身收入现金流完成债务的本息偿付，从一开始的借新还旧到借新还息，随着债务雪球的越滚越大，最终借贷双方都意识到债务的不可持续，从而仍免不了发生债务违约及破产。这种恶性循环不断持续，导致更多健康企业也无法维持经营，整个金融体系融资功能的失效与实体经济的停滞不前，最终形成债务乃至经济危机。

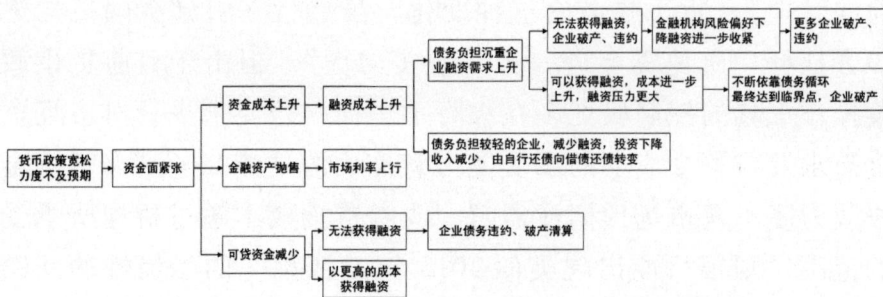

图 105　货币政策非预期收紧引发债务危机的传导路径

2. 资产泡沫破灭带来抵押品价值下降，叠加资本外流，引发流动性危机

路径二：美联储加息人民币贬值/抑制资产泡沫—货币政策收紧—资产泡沫破裂—抵押品价格下降—金融机构风险偏好下降—流动性紧张。

正如前文分析，房地产业对中国经济增长的贡献依然巨大，2014 年至 2016 年，央行多次降准、降息，货币环境大幅宽松，虽然经济疲弱并没有明显改善，但宽货币对股市、债市、房地产等各类资产价格影响则更为明显，尤其是 2016 年随着限购政策的放开，房地产市场呈现复苏迹象，交易持续火爆的同时，一、二线房地产价格的飙升，局部房价引发的资产泡沫不断聚集。过多的信贷投放房地产挤占了实体经济投资，资金"脱实就虚"加重。事实上，随着政策从"稳增长"向"防风险"转变，抑制泡沫已经是货币政策的主要任务之一。与此同时，随着美联储加息预期的增强，美元走强，人民币贬值的压力和资本外流风险持续存在，央行有可能被动采取紧缩性的货币政策。

理论上，货币政策的收紧并不一定带来资产价格的下跌，这主要取决于实际需求和需求结构。但是需要警惕新一轮调控政策偏差导致出现极端变化情况——房地产泡沫破灭。如果房地产泡沫破灭，房屋价格大幅下降，对于金融机构而言，抵押品价值下降，不良贷款攀升，银行资产质量恶化，同时放贷趋紧，导致流动性紧张。对居民而言，财富价值大幅缩水，消费支出将有所减少，需求疲弱拖累宏观经济。在资产价值大幅缩水，而人民币贬值持续，资本外流风险加重，资金面紧张将进一步加剧，进一步向实体经济传导，形成人民币贬值—资本外逃—资金收紧—融资困难—企业经营难以为继、违约及破产增多—市场恐慌进一步增多—人民币进一步贬值、资本外流更为严重的恶性循环。如果央行通过动用外汇储备来遏制人民币的贬值趋势，则持续的干预必然使得外汇储备逐步消耗，反而使得外债风险敞口加大，更加不利于金融市场安全，同时还会进一步影响市场对中国经济的信心，加剧资本外流，一旦央行外汇储备消耗殆尽，则国内仍将被迫提高利率，这又会加重企业债务负担，引发企业的偿债危机。

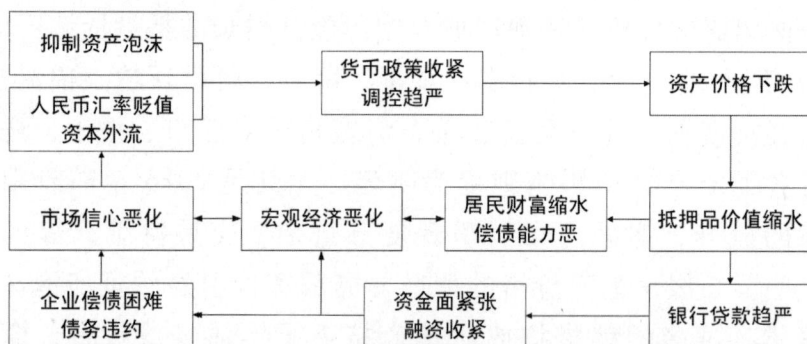

图 106   资产泡沫、人民币汇率贬值引发债务危机的传导路径

3. 违约事件集中发生，市场集体性恐慌，引发流动性枯竭，资金链断裂

路径三：违约集中发生—市场恐慌—信贷收紧—资金链断裂。

今年下半年以来，信用风险对市场的冲击力度明显减弱。这除了是因为随着违约事件的逐步增多，特别是包括央企、地方国企刚性兑付的陆续打破，市场对违约的态度发生了变化，看待违约更加理性，也与下半年以来违约事件发生的频率明显降低有关。同时，政府在解决国有企业债务方面的积极态度，也使得市场信心较上半年有所恢复。然而，考虑到未来几个季度债务到期的规模将加速增长，而企业和地方政府的利润和再融资空间有限，违约事件或仍将加速发生。因此，债务违约情况不仅可能延续现有违约加速的态势，同时可能会在明年一季度还款高峰期出现违约高潮，导致银行不良率上升、企业资金链收紧和恐慌情绪的蔓延。

另一方面，虽然近两年来央企、地方国企信用风险及违约事件陆续增多，"刚性兑付"幻觉有所打破，但由于各个政府在处置不同企业的债务危机上态度迥异，一部分在信用危机发生之前就积极协调各方，避免最终出现违约，一部分虽然未能避免企业违约，但在违约后也能够协助延期兑付，导致市场对政府选择性兜底的预期犹在。但在宏观经济处于底部的大环境下，出现债务危机的企业将会不可避免地继续增加，要想保持"刚性兑付"就需要各方付出更多的成本。一旦政府在国有企业相关债务的处置中与市场预期产生偏差，也同样会对市场信心产生极大的损害。

在恐慌情绪的主导下，一方面金融机构会主动收紧融资，导致企业经营更加困难，违约风险进一步蔓延，反过来又会增强金融机构的惜贷情绪，另一方面，由于违约风险扩大可能引发信用债价格持续下跌，其作为抵押获得融资的能力也将大幅下降。

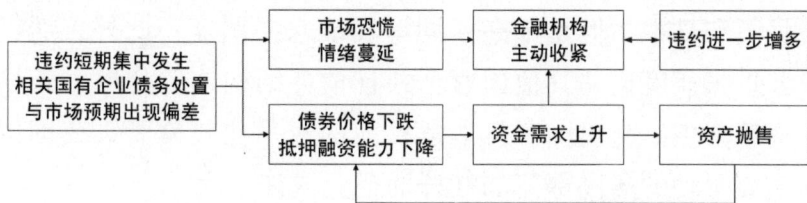

图 107　违约风险引发的债务危机的传导路径

上面三个触发因素并不是完全独立的，违约风险集中爆发，会对市场信心造成较大冲击，导致资本外流加剧，这又会对货币政策放宽形成制约，政策收紧带来资产价格下跌，资产价值大幅缩水，银行等也会加剧流动性紧张，一旦资金投放跟不上市场需求，又会导致实体经济的融资难以得到满足，从而引发更多企业经营困难，违约风险向更大面积蔓延。在前文中，我们已经阐述了非金融企业债务高企的一大危害即是"违约风险加剧市场动荡，市场信心急剧下降，引发流动性枯竭，加大金融系统性风险"，未来若上述任一传导链条的某一环节出现而未加阻止，则杠杆率高企带来的违约风险就会演变成金融系统性风险的真实发生，因此防范债务危机问题必须予以高度重视。

四　小结

在影响经济增长的众多因素中，债务风险是影响中国经济是否发生危机或者继续恶化的最重要的力量。中国经济运行中诸多深层次问题，本质上都与债务问题密切相关。自 2008 年以来，我国总体债务规模和杠杆率持续攀升，债务风险主要集中于非金融企业部门中的国有及国有控股企业；由于隐性担保，政府尤其是地方政府债务风险超过预期，包括了城投部门负债的广义政府债务/GDP 接近 110%，包括全部国有企业的更为广义的政府债务/GDP 达到了 163.2%。从国际比较来看，居民部门杠杆率虽然低于美国和日本，但是却高于同等发展水平国家；此外，居民部门债务扩张速度远超其他国家，并且债务结构主要是以中长期的房屋贷款为主。与美国和日本危机前的水平比较来看，我国以房贷为主要驱动的居民部门加杠杆的空间或许不大。

事实上，中国目前总体债务已经处于一个"临界点"。无论是从杠杆率的比较还是从信贷扩张和信贷缺口等反映金融危机的先行指标来看，也均已经接近甚至超过各国危机前夕的数值。尽管从各国的债务周期来看，并给所有的信用扩张都会触发"费雪—债务"周期连锁反应。但是，站在这样一个金融系统性风险上升的临界点，虽然从目前来看，无论是债券市场违约带来的冲击，还是信贷市场融资收紧产生的负面效应都是短暂的、非连续性的。但是由于当前国内金融体系的脆弱性及敏感性日益抬升，非预期的外部事件冲击很可能将引发债务危机乃至经济衰退不可逆转的发生。尤其是我们分析的三种债务风险传导路径相互叠加，货币政策的非预期收紧、资产价格大幅下跌叠加人民币大幅贬值引发资本外逃风险以及违约风险集中释放，带来市场信心的沦丧，融资工具不能滚动，债务链条断裂，流动性枯竭，资产价格崩溃，引发"明斯基时点"，经济陷入衰退。

　　金融危机以来刺激政策投放的货币以及以银行体系为主的间接融资体系、资本市场的相对不健全等是债务高企的主要原因。总体上来看，债务工具的使用在经济发展中具有重要作用，适度的负债率不仅能够提高资金的配置效率，而且能够促进经济增长，但负债结构不合理，则会造成目前信用违约频发、金融机构不良贷款陡升、资产价格崩溃，最终可能导致金融危机的全面爆发。

　　从世界经济发展史尤其是主要发达国家的经验来看，尽管每次危机的爆发对经济有巨大的冲击，但也是资源错配的深刻调整过程。中国目前具有发生危机的潜在隐患，虽然以中国当前的经济实力，在一定程度上具有承受债务危机的能力（毛振华、袁海霞，2016）；但是，预期和信心的发展在一定程度上不可控，中国仍需要防范债务危机引发的灾难性冲击；在当前经济下行压力依然不减以及债务风险凸显的背景下，需要重新构建"稳增长"与"防风险"双底线下的宏观调控体系。而推进这一体系的构建，需要我们正确认识宏观调控短期目标与中长期目标的协调、缓释风险中不能积累风险等问题。

第五部分　构建以稳增长、防债务风险为核心的宏观调控体系

　　通过前文的分析，2016 年宏观经济呈现底部企稳与泡沫聚集的特点，GDP 增长持续稳定，缩减指数由负转正，工业企业生产减速趋缓，企业效益有所改善等；与此同时，资金的脱实就虚更为严重，房地产泡沫、违约等金融风险不断凸显。宏观经济的企稳依然依靠"投资—债务"驱动模式，更加活力的市场性的经济下行压力强化，持续筑底的态势仍将延续。随着对泡沫和风险的担忧，宏观调控基调由上半年的稳增长向防风险转变。综合考虑全年的情况，预计全年经济增长 6.7% 左右。2017 年，在世界经济周期、世界经济深度调整仍将持续，美国经济数据喜忧参半、增长动力依然不强，欧盟除自身的结构性问题外还将受英国脱欧的进一步冲击，外需难有明显改观；与此同时，货币政策的分化和国家资本流入流出加剧了金融市场波动风险。从内部情况来看，中长期受制于人口红利渐失、全球化红利不在等因素制约的潜在增长平台下移；同时受库存周期、房地产周期、政治周期、债务周期等影响，宏观经济将持续筑底。总体上 2017 年经济仍将持续筑底，经济增长速度相对比较稳定。2018 年或许是底部反弹的一年。

　　与此同时，"债务—投资"的增长模式决定了未来仍将面临房地产行业受政策调控带来的不确定、随着"三去一降一补"推进，企业去杠杆加速推动过剩行业信用风险加剧释放，

金融系统性风险概率提升等七大困境。而这七大困境本质上又与债务问题休戚相关，事实上，债务风险已经是经济发展中不可忽视的重中之重。通过对债务的梳理，我们认为当前以及未来我国经济最大的风险不在于债务总水平的高低，而在于房地产、过剩行业国有企业等环节的结构性风险日益突出。在当前经济下行压力不减的情况下，防范债务危机爆发仍是重中之重。

本报告认为，在当前经济下行压力不减与风险凸显的情况下，解决债务问题需要有稳增长与防风险的双底线思维，即一方面需要宏观经济政策的支持，稳定经济增长，避免大规模违约和企业倒闭出现，为从根本上解决债务问题争取时间；另一方面应当有序推进供给侧结构性改革，逐步摆脱过去"债务—投资"增长模式，进入新的增长周期。而推进供给侧结构性改革，防范风险需要正确处理六大问题。

一　在经济下行压力不减、破解发展难题、防范风险需要正确认识好六大问题

(一)　正确认识短期目标与中长期调整目标的矛盾处理

从宏观调控和经济发展来看，在金融危机时期，为了稳增长，"促转型、调结构"的目标有所放缓；而危机时期积累的问题和风险，也增加了"后危机"时期调结构的困难。经济不景气、经济增长的短期波动几乎都是需求侧的问题，而不是供给侧的问题，短期稳增长扩大总需求、反周期的措施仍是需要的。但是中国经济放缓不仅仅是周期性因素，也是结构性、趋势性力量共同作用的结果。因此，从本质上讲，必须依靠结构性改革、调整来解决结构性矛盾。但是需要考虑的是，推动结构性改革的时候也要对结构性改革的各种措施进行梳理分清轻重缓急，处理好短期目标和中长期目标的矛盾。当前，在一定程度上，短期宏观

经济调控与长期结构性调整任务有一定的混淆，强调通过调结构和去杠杆这种长期政策来消除经济下行压力，客观上却容易造成忽略短期任务的急迫性。从长期来看，供给侧改革是有利于推动我国经济发展转型，促进结构调整。结构性改革主要解决长期问题，但不能忽视短期问题。结构改革和需求管理是解决两个不同层面的问题，前者解决长期潜在增长下降，后者主要解决当期经济增长下降，产能过剩等。

（二）正确认识政府与市场的关系

在外部冲击作用下的危机时期，稳定经济增长必须依赖政府调控，但调控过度又容易滋生更多的问题，如何确保有限政府，促进市场机制有效发挥作用是重要命题。宏观调控实质上是政府对市场的干预，这种干预必须建立在尊重市场规律的基础上，坚定不疑地推进市场化改革，从而夯实宏观调控的微观基础。十八大报告指出，经济体制改革的核心问题是处理好政府与市场的关系，必须尊重市场规律，更好地发挥政府的作用。而推进经济体制改革，处理好政府与市场的关系，最重要的是在更大程度、更大范围发挥市场在配置资源的基础性作用。从经济增长的驱动来看，资本因素仍是我国经济增长的最大贡献者，稳增长关键在于资本效率的提升，而目前资本效率偏低，根源是政府主导型的经济发展方式，而高效率的民间投资并未充分启动。产业政策通过项目核准审批及目录指导等方式替代市场机制，发挥对资源的配置功能。产业发展方向不断调整、新兴产业陆续出现产能过剩问题及落后产能陷入"越淘汰越过剩"的怪圈均是突出的表象。由于宏观调控与微观干预之间的关系未得到清晰界定，在宏观调控中滥用行政审批权力的问题始终存在。由此强化了寻租环境并带来了腐败的恶果，进一步损害了经济运行效率。

（三）正确认识货币功能的有效性与有限性

为应对金融危机冲击以及促进经济稳定较快增长，我国以快速增加的人民币新增贷款等方式不断扩大货币投放，2015 年贷款余额比 2008 年底增长 209.7%，远远超过 GDP 实际增长，M2 增速虽然从 2010 年的 19% 持续下滑至 2015 年的 13.3%，显著低于 1988 年以来中国 M2 的平均增长率（20%），但是 M2 存量已经全球第一，M2/GDP 持续攀升，从政策效果来看，我国扩大货币投放的效果在逐渐减弱，信贷刺激对经济增长的边际作用越来越小，而大量增加的货币也带来一系列问题，但是对资产价格（尤其是房地产价格、股市波动）等影响却越来越大。因此，对于货币功能，需要正确认识滥用和慎用的界限。

（四）正确认识培养和建立中国产业优势的中长期性

调结构、促转型是我国相当长一段时期的主要任务和目标之一，但是产业结构的调整以及产业优势的培育建立，都不是一朝一夕的事情。回顾近十年的产业政策，相关政策部门就试图从各个产业中挑选出要重点发展的先进技术或产品进行扶持，并淘汰落后的技术或产品。由此，中央与各省份发布的相关产业目录数量达百余部。然而，由于政府本身难以收集并处理所有的市场信息并做出动态最优化决策，依靠政府力量频繁干预经济只会扰乱市场秩序而降低市场对资源的配置效率。这就会导致经济结构反而"越调越乱"，产业发展方向不断调整、新兴产业陆续出现产能过剩问题及落后产能陷入"越淘汰越过剩"的怪圈均是突出的表象。一方面，产业落后导致的受制于人，抗风险能力差，政府宏观调控滞后与投机心态，导致了资本的过度集中，热钱涌入加剧了行业泡沫、通货膨胀，另一方面，反过来资本的过度集中与产业结构失衡又加剧了其他产业的落后，如此反复、恶性循环，才导致了矛盾的爆发。因此，要正确认识培养和建立中国产业优势的中长期性，由于产业升级是个长期的过程，缩短差距也不是一朝一夕，而促进技术创新与产业升级，提高自身能力才能不再依附于人，把落后的劳动密集型产业向技术革新方向发展，这样在国际竞争中才能有话语权。

（五）正确认识不能在风险的释放过程中积累风险

2008—2012 年间应对危机的前五年是债务风险、资产泡沫风险、金融风险等各类风险不断积累的五年，同时也给中国经济创造了新的困难；应对危机中，货币投放量以及债务规模的快速扩张，加大了金融风险；而大量的投机性货币在股市、债市以及房市中伺机流动，催生了股市泡沫、债市泡沫以及房市泡沫。而汇市与股市的连通，更是加大了系统性风险提升的概率。自 2010 年开始，各路资金爆炒农产品，"蒜你狠"、"豆你玩"随之出现；2013 年，大量资金流向"非标"；2015 年上半年股市飙涨，年中股灾随之而来；8 月和 12 月，人民币汇率贬值预期上升，资本流出压力加大；2016 年初，一线城市商品房价格暴涨，同时大宗商品期货价格暴涨，债券市场信用违约多点多元爆发；股市与汇市联动加强，系统性风险发生概率提升；可以说，目前正处于各种风险不断释放的过程中，在这个过程中，财政政策和货币政策都有一定的空间，财政赤字率和政府负债水平与全球相比依然较低（最近几年财政赤字率基本在 2.3% 以内，2016 年目标为 3%，与巴西、阿根廷、日本 5% 以上的赤字率相比较低，政府债务占 GDP 比重为 41.5%，低于欧盟 60% 的警戒线，也低于当前主要经济体和新兴市场国家水平），名义利率离零利率和负利率尚有距离，可以利用现有的政策空间进行结构调整和改革，通过杠杆转移缓释风险，但是如果在这个过程中，已有的风险进一步积累，那么系统性风险发生的概率会大大增加。

（六）正确认识当前改革的艰巨性和诸多困难

我国的改革已走过 30 多年历程，当前正在进入深水区和攻坚期。与以往相比，改革的艰巨性、复杂性和深刻性前所未有。改革的深刻性前所未有。正如习近平总书记所说，中国改革"已进入深水区，可以说，容易的、皆大欢喜的改革已经完成了，好吃的肉都吃掉了，剩下的都是难啃的硬骨头"。全面深化改革无论是在深度上，还是在广度上，都是过去任何时期、任何阶段的改革所无法相比的。改革的复杂性前所未有。现阶段的改革是全面的改革，不仅要深化经济体制改革，还需要深化政治体制、文化体制、社会体制、生态体制、国防和军队体制以及加强和改善党的领导等诸多方面，实质上是把伟大事业和伟大工程都包括在内的改革。各种改革之间相互交织、相互掣肘，改革的综合性较强、复杂性较高，对改革方案的专业性、系统性要求更高，实施和推进改革的困难较大。改革的艰巨性前所未有。在多年改革发展中，收入分配、资源利用等各个领域均或多或少形成了某种既得利益群体，而且这些固化的既得利益又往往与政府部门自身的利益相关联，渗透到经济社会生活的多个方面。

二　在当前经济下行压力不减以及风险防范成为重中之重的情况下，需要构建以稳增长、防债务风险为底线的宏观调控体系

（一）战略思想要明确"稳增长、防风险、促改革"等逻辑顺序，政策基调需要供给侧结构性改革与需求侧管理政策协调并进

1. 防控风险尤其是债务风险是关键，是保证中国不发生经济

危机的底线。

债务风险已经成为威胁我国宏观经济与金融体系稳定的重要因素，必须予以高度重视。从各国债务周期来看，并非所有的信用扩张都会触发"费雪—债务周期"的连锁反应。根据巴曙松等①的观点，第二次世界大战以来各国56次信用大规模扩张后的情形可以按是否出现信用危机以及是否存在大规模去杠杆分为四个象限：第一象限，出现信用危机，并大规模去杠杆，通常是由外债风险引爆；第二象限，出现信用危机但未全面去杠杆，其中绝大部分是非系统性的信用违约事件，且前期债务过度扩张仅仅集中在经济中的个别部门；第三象限，未出现信用危机，主动去杠杆，主要是通过政府平缓去杠杆，前瞻性遏制危机的出现；第四象限，未出现信用危机，也未去杠杆，通常由于外部繁荣有效消化了前期的信贷过度扩张。可见，解决高债务问题并不必然带来系统性危机及全面的去杠杆。就中国的情形而言，信贷扩张主要集中在国有经济部门中，只要政府信用不崩溃，债务市场就能维持，防范债务危机仍有一定的政策空间。风险控制并不是简单的去杠杆，而是在稳定杠杆增速的情况下，调整债务结构。

2. 稳增长是保就业、惠民生的底线。

从当前的形势来看，在经济下行压力不减的情况下，债务风险已经成为能否引发金融危机的关键所在。而缓释债务风险，需要一定的经济增长作为依托，因为经济增长能够带来资产价值上升，企业的负债结构在一定程度上能够改善，由此债务风险得以缓释。与此同时，要实现2020年全面建成小康社会目标，同时考虑保就业、惠民生，未来一段时间经济增长需要保持在6.5%以上，这既是经济底线，也是政治底线。

---

① 巴曙松等：《中国加杠杆周期走到尽头了吗?》。

表 12　　　　　　　　　　　全球债务周期的历史研究

	去杠杆	未去杠杆
出现信用危机	第一象限：出现信用危机，去杠杆（共计 32 个案例，占比 57%）	第二象限：出现信用危机，未去杠杆（共计 7 个案例，占比 13%）
	代表案例 1：1929—1943 年"大萧条" 代表案例 2：2008 年至今美国次贷危机 代表案例 3：1982—1992 年墨西哥债务危机 代表案例 4：1998—2008 年马来西亚金融危机 代表案例 5：2002—2008 年阿根廷主权债务危机	大部分未局部非系统性信用违约事件，如美国 20 世纪 80 年代末储贷危机，1994 年法国里昂信贷危机，1983 年加拿大存款保险公司危机，意大利 20 世纪 90 年代初银行系统危机等 个别案例是日本 20 世纪 90 年代危机中，政府部门的持续加杠杆对冲了私人部门的去杠杆，整体经济未表现为去杠杆
未出现信用危机	第三象限：未出现信用危机，去杠杆（共计 13 个案例，占比 23%）	第四象限：未出现信用危机，未去杠杆（共计 4 个案例，占比 7%）
	政府主动进行财政整肃 高通胀稀释债务 异常高增长化解债务	20 世纪 70 年代初信用大肆扩张之后的日本 1997—2000 年韩国信贷大肆扩张之后 2006—2009 年印度信贷大肆扩张之后 2010—2012 年泰国信贷大肆扩张之后

资料来源：巴曙松等：《中国加杠杆周期走到尽头了吗?》。

3. 稳增长、防风险双重底线思维下，政策基调需要需求侧管理与结构性改革协调并进。

目前，中国经济处于潜在增长平台下移、结构性、趋势性以及周期性力量共同作用的下行过程中，过快的去杠杆可能会带来经济的急速下滑或者波动，通过政府部门和居民部门适当加杠杆，保持总需求的一定扩张，有利于在宏观大背景相对稳定的情况下，企业平稳的降杠杆。这种"杠杆转移"实际上是对应于供给侧改革与需求侧管理的相互结合，相互平衡。因此，从稳增长、防风险角度来看，政策基调需要需求侧管理和结构性改革协调并进。

4. 在财政政策更加积极有效、进一步扩大财政赤字的基础上，强化结构性调控功能，全面配合更为主动、更为全面的供给侧结构性改革。

从财政政策的角度出发，扩大财政赤字和减税降费是当前避免大规模违约爆发，给企业创造有利的生存条件的必要手段。2015年我国的财政赤字率是2.4%，2016年提高到3%，其中地方财政赤字的首次出现实现了通过发行地方政府债券置换原有政府性债务，从一定程度上已经避免了地方融资平台出现大面积违约的情况发生。但是近两年地方财政在偿债压力上升，土地出让金收入大幅下降等各种压力下，对于大规模企业债务的救助能力有限。在这一方面，应考虑由中央财政发挥更大的作用。通过发行国债注资企业部门，在兼顾行业发展可持续性和系统重要性的前提下，让企业部门杠杆转移到政府部门，尤其是中央政府。这同时还让居民和机构的储蓄转移为政府债券的投资，有助于提高存款的使用效率。需要注意的是，政府对企业债务的救助只是在特殊时期避免风险爆发的短期政策，并不能作为一个长期的手段。由于救助的资金来源于政府债务，这意味着随着债务的到期，经济的好转和企业正常经营的恢复，政府的资金就要适时退出。与此同时，继续用政府投资稳定需求的增长，从基建、养老、医疗、教育等仍需要大量投入的产业入手增加投资需求，给企业带来可持续性收入；继续减税降费，降低企业的经营负担，让企业部门能够正常的经营和运转。在符合国家经济结构调整方向的产业上，政府应予以多种政策的支持和鼓励，降低部分企业在开拓新业务过程中的风险。

5. 货币政策面临的形势更为复杂，需要根据新时期要求适时调整，配合供给侧结构性改革实质性推进。

就货币政策而言，在当前信贷加基建的传统增长模式稳定经济，市场内生动能不足的大环境下，信贷的快速收缩对于稳增长会产生一定的损害。但是，这并不意味着为了刺激增长，防止信用风险上升需要进一步扩大信贷供给。因为继续进行大规模需求刺激会提高杠杆而导致泡沫的进一步聚集，经济危机风险加大。同时由于经济流动性偏好上升，货币灌溉对经济刺激作用有限。因此，未来一方面需要保持适度稳定流动性供给，通过适度的流动性供给，防止杠杆的反弹和累积，稳定保持现有基建等顺利开展，稳定经济增长。另一方面，在适度稳定供给流动性的时候，必须保证供给渠道的透明性，引导市场主体进行长远规划，防止人为的短期流动性供给冲击。除此之外，宏观审慎监管体系的全面改革必须破题，必须建立统一和无缝隙的宏观监管体系，防止监管套利带来的各种风险。强化金融风险的监控和风险指标体系构建，密切注视各种宏观金融风险指标的变化，及时优化风险预警体系。短期内还应加强流动性监控，特别是对于流动性的结构性矛盾要高度重视。正确认识当前国际经济形势，正确把握国际经济与国际资本流动的短期周期变化规律，为未来国际资本市场逆转带来的冲击做好预案。

（二）重视"稳增长、守底线"策略，稳步化解我国债务风险

1. 通过经济持续稳定增长逐步化解高杠杆（分母的作用）的同时控制债务规模过度上涨。

从简单的逻辑来看，缓释债务风险，降低杠杆率或者延缓债务率扩张速度，可以从扩大分母（即持续稳定的经济增长）和降低分子（控制债务规模增长速度）增速两种途径来进行。从稳增长的角度来看，需要把握中国经济持续筑底的逻辑，高度重视经济增长动力持续下滑的现实，密切关注实体经济与虚拟经济收益的缺口不断扩大、投资等内需回落等现象，把改革与调控的落脚点切实放在投资收益预期逆转之上，构建短期扩大需求与中期提升潜在增速相契合的政策体系。一方面，引导投资结构继续向民生、基础设施、薄弱环节等方面的力量；另一方面，要寻求投资与消费的结合点，积极鼓励投资民生工程，在改善民生的同时，刺激相关产业等消费支出，扩大消费需求。考虑到"债务—投资驱动"的经济增长模式短期难以彻底改变，在新的经济增长动力形成以前，稳增长目标的完成仍需要债务扩张支持。由于国内债务主要是通过投资渠道来影响 GDP 的，随着投资边际效益的降低，维持 6.5% 的经济增速，意味着未来需要更大规模的债务。简单测算，预计 2017 年债务规模至少接近 210 万亿元，杠杆率将进一步攀升至 277%。[①]

2. 有必要持续推进债务分类甄别工作，完善国家及各级主体资产负债表。

2014 年《预算法》修订之后，国务院、财政部等部门先后出台了《国务院关于加强地方政府性债务管理的意见》《地方政府存量债务纳入预算管理清理甄别办法》等文件，加强依法推进债务管理，进一步规范地方政府举债行为。2015 年初步完成了 2014 年末地方政府存量债务的清理甄别和核查的工作，并全面实

---

① $\dfrac{\Delta debt}{\Delta GDP} = \dfrac{\Delta debt}{1} \times \dfrac{1}{\Delta GDP}$，假定 2017 年 $\dfrac{\Delta debt}{1}$ 及 $\dfrac{1}{\Delta GDP}$ 维持在 2013—2015 年的水平，由此测算出 $\dfrac{\Delta debt}{\Delta GDP}$，根据 6.5% 的增速分别算出 2016 年及 2017 年的名义 GDP，由此推算 $\Delta debt$，并算出 2016 年及 2017 年的债务规模。由于 $\dfrac{\Delta debt}{1}$ 在金融危机之前及金融危机之后大多在 0.45 上下徘徊，而 $\dfrac{1}{\Delta GDP}$ 却不断攀升，意味着估算出的债务规模及杠杆率可能会比实际值要小。

行地方债限额管理、地方债务分类纳入预算管理、建立债务风险预警机制、全面构建债务监管体系等。《国务院关于加强地方政府性债务管理的意见》（简称 43 号文）文后，地方政府的融资主体已经由融资平台过渡为地方政府自身，新增债务的融资路径已得到逐步规范。但是，目前针对地方融资平台、城投类以及国企债务的清理、甄别分类工作方面进展缓慢，需要进一步明确政府负有担保责任的债务和政府可能承担一定救助责任的债务规模，区分广义政府债务中中央政府和地方政府的范围，城投类企业以及经营性国企存在一定重合，而这几类债务在总体债务规模中的占比较大，按照经营性、公益性等原则甄别理清地方债务存量等对于有效控制总体债务风险尤其是政府债务风险，修复政府及各级主体的资产负债表具有重要作用，非常有必要持续推进此项工作。

3. 建议进一步分类处理地方性政府债务等，短期缓释债务风险。

在完成理清地方政府债务、地方融资平台及城投类债务以及国企的债务规模基础上，建议分类处理其债务风险。对于地方性政府债券、公益类的融资平台类债券以及国企债券，建议通过政府信用背书，持续采用债务置换等方式来处理。但是自 2012 年以来，受经济增长放缓、结构性减税等多种因素影响，同时考虑到后土地经济时代，土地出让收入市场的低迷使得地方政府土地财政模式难以为继，我国财政收入增长不断放缓。全国财政收入增长已经由 2011 年的 24.8% 高位回落至 2016 年前三季度的 5.9%。地方财政在偿债压力上升，收入减缓等各种压力下，对于大规模企业债务的救助能力有限。尤其是广义政府债务风险更集中在为城投背书的地方政府。因此，在这一方面，应考虑由中央财政发挥更大的作用，通过发行国债注资企业部门，比如对于一些盈利能力不强、财务指标差的公司可以注入优质资产和优质项目等，在兼顾行业发展可持续性和系统重要性的前提下，让企业部门杠杆转移到政府部门，尤其是中央政府。

4. 通过大腾挪实现债务转移，中央政府适度加杠杆。

短期来看，降低非金融企业尤其是国有企业杠杆率是化解债务风险的主要抓手。但过快去杠杆、去杠杆过慢、如何去杠杆以及去杠杆面临的风险处理等都是极具挑战的问题。在目前中国经济处于潜在增长平台下移、结构性、趋势性以及周期性力量共同作用的下行过程中，过快的去杠杆可能会带来经济的急速下滑或者波动，通过政府部门和居民部门适当加杠杆，保持总需求的一定扩张，有利于在宏观大背景相对稳定的情况下，企业平稳的降杠杆。从路径来看，一方面，通过积极的财政政策，政府部门适当加杠杆，避免债务收缩对经济产生的负面影响。这一点在前面财政政策部分已经谈过；另一方面，居民部门适当加杠杆，通过购买企业股权或者通过金融产品创新，购买企业部门未来可形成稳现金流的资产执行票据、收益链接票据等。中国国内内居民债务水平相对较低，发展消费信贷，适当增加居民部门杠杆水平，有利于刺激消费，带动经济增长。除此之外，消费水平的增加，还有利于提高企业产品需求，增加企业收入，提高其偿债能力。

5. 根据市场化、法制化原则，适时运用债转股工具，缓释短期债务风险。

2016 年 10 月，国务院印发《关于市场化银行债权转股权的指导意见》明确了市场化债转股对象企业应具备的条件，并明确包括四大资产管理公司、保险公司以及国有资本投资运营公司等均可参与市场化债转股，并鼓励社会资本积极参与。对于债务人而言，"债转股"可以减轻债务负担，释放出更多资金支持生产经营，有利于企业扭亏为盈；对于债权人而言，待企业经营改善后债权人也可通过股票分红或股票增值转让的方式收回资金。然而，债转股这项政策本身也存在较大的道德风险，不排除部分参与债转股的企业故意借此赖账或更加失去改善企业经营的动力。

对于银行而言，一方面面临国内法律对其持有企业股票的限制；另一方面债转股将使得相应资产的风险权重大幅上升从而增加对其资本的占用，而如果企业不能改善经营或股权转让受阻，则银行还会面临更大的资产损失。可见，实施"债转股"将面临一定的风险，其究竟能否缓解信用风险，改善银行资产质量，关键在于实施债转股的企业能否走出困境，恢复盈利，同时银行能否顺利转让股权也是同等重要的因素。因此必须做好参与实施"债转股"企业的甄选工作，我们认为，具备核心资产价值高、流动性压力大、本身或具备转型为前景良好产业的条件的企业更适合参与"债转股"。而随着债转股政策的落实，后续还需要进一步完善股权退出机制，为银行日后转让相关资产建立相关的制度条件。

（三）持续推进金融改革，尤其是针对中国宏观"去杠杆"的资本市场改革、资产证券化和国有企业等组合性质措施应当快速推进

1. 健全多层次资本市场，多途径扩大股权融资，补充企业资本金。

以银行为核心的间接融资体系的一级股权市场发展相对滞后是我国债务高企、债务率较高的技术性原因之一。打开企业的股权融资渠道不仅是解决企业债务问题的有效办法，也是鼓励创新、推动经济发展的有利措施，但这是建立在完善的市场制度以及健康的市场运行基础之上。2015 年年中及 2016 年年初股票市场短期内大幅下跌，实际反映出国内股票市场存在的问题不止存在于过于严格的准入要求，更在于监管机构对市场制度的设计不完善、对衍生工具的风险把握不到位、对各类市场运行机制可能带来的后果没有充分预估。这也导致本应于 2016 年 3 月推出的注册制相应推迟。因此，发展股权市场融资，首先应完善股票市场发行、交易等全方面制度设计，同时，股票市场的注册制改革仍应该继续稳步推进，为更多企业能够进入股权融资市场提供条件。除此之外，也要深化利率、汇率监管等相关改革，提高金融市场配置效率。

2. 加快推进国有企业改革，尤其是加快经营类企业改革推进。

非金融企业部门的债务风险主要集中在国有企业，国有企业债务的处置对于整体风险的把控具有至关重要的作用。需要加快推进固有企业改革进程，尤其是加快经营类企业改革的推进。经营性国企的债务主要采取市场化方式处置。经营性国企包括一些产业类融资平台以及充分竞争领域的国有企业。① 一方面，鼓励融资平台公司兼并重组，优质资产兼并劣质资产，通过兼并重组，提高企业整体的资信水平；另一方面，对于充分竞争类别的国有企业，鼓励采用市场化方式解决其债务问题。国有企业在过剩产能行业占比较大，从退出机制和国有企业改革来看，过剩产能的国有企业的处置最好与发展混合所有制经济更有机地结合。推进公司制股份制改革，积极引入其他资本实现股权多元化。民营资本进入可以提供一部分资金来源，还可以提高公司的管理水平和经营能力，对于企业的长期发展具有促进作用。与此同时，对于自然垄断性质的国企，不断放开其竞争性业务，从而促进公共资源配置市场化。

3. 降低金融市场交易杠杆，实时监控流动性风险，改革债券市场从业人员激励机制。

一方面，降低金融交易杠杆。从国际经验来看，金融风险乃至金融危机的引发，基本上都是通过创新带来的杠杆作用而起。去年股灾的发生，本质上是因为通过由两融到伞形信托、

---

① 根据国资委、财政部、发改委与 2015 年 12 月出台的《关于国有企业功能界定与分类的指导意见》，将国有企业划分为商业类和公益类两大类，而商业类国企分为充分竞争、国民经济命脉和自然垄断三个子类。

场外配资等手段快速加杠杆引起的。除了股票市场，目前在债券市场，通过以现券作为质押物进行质押式回购融资再买入债券以及通过设计优先/劣后的结构化产品这两种方式实现加杠杆依然是常态。一旦出现流动性紧张，则会带来严重问题；因此，另一方面，实时监控流动性风险。在目前违约风险不断暴露的情况下，投资者的悲观情绪加速上升，相应的资产价格持续下跌，市场极易因为个别突发事件引发大规模的资产抛售或产品赎回，继而引发资产价格的进一步下跌，致使资金竞相出逃，引发"流动性踩踏"。因此，在需要严格限制场外配资、债券回购市场风险的同时，要实时监控流动性风险；与此同时，加快改革金融市场从业人员激励机制，提高从业人员风险意识和责任。从业人员的激励机制不仅与债券产品的发行挂钩，同时还要与偿债挂钩，甚至建立债券从业人员的终身追责制度，建立、健全从业人员的风险责任制度。

（四）持续关注房地产市场态势，防范局部泡沫进一步扩大，房地产调控政策要突出结构性和差异性

针对房地产市场三个层面的风险，房地产调控政策的定位要更加明确、目标要更有系统性、手段要更具针对性。

1. 增加一二线城市土地供应和投资力度。

一二线城市房价暴涨说明这些城市房地产市场供给相对需求严重不足。因此，一二线城市房地产政策的定位是通过增加一二线城市土地供应和投资力度，为供给侧结构性改革和实现动力转换提供宝贵的"窗口期"。在第一个层次风险防范方面，它能够加快房地产销售向投资的转化，提升房地产投资总体增速，避免固定资产投资下调过于剧烈而陷入紧缩链条；在第二个层次风险防范方面，它能够合理引导房价预期，抑制一线城市房价过快上涨，防止形成新的资产泡沫；在第三个层次风险防范方面，它能够避免资金加速脱离实体经济，弱化市场复苏对宏观经济的提振作用。同时，在钢铁、水泥、玻璃等产能过剩的背景下，增加一线城市房地产投资还有助于消化这些行业的过剩产能，有利于实现去产能背后所希望达到的最终目标。

2. 加快三四线城市户籍制度改革和新型城镇化配套基础设施建设。

对于三四线城市而言，房地产政策的定位是在需求导向下加快去库存。通过加快推进户籍制度改革和新型城镇化的配套基础设施建设，在第一个层次风险防范方面，能够提高经济活力和投资增速，避免投资和经济过度下滑带来的冲击；在第二个层次风险防范方面，能够增加三四线城市人口增长和潜在住房需求，提高三四线城市房地产价值，有效刺激房地产市场需求，加快去库存进程，增强复苏的强度；在第三个层次风险防范方面，尽快消化库存是中小房地产商快速回笼资金、降低财务费用与化解金融风险的重要抓手，同时也是保障投资回归可持续增长轨道的必要前提。

3. 采取系列政策举措缩小实体经济与房地产投资收益的缺口。

让资金回归实体经济要有新思路，不能简单依靠过度的、行政化的宽松货币政策，否则反而可能成为资金"脱实向虚"的推手。例如目前大规模地向国有企业定向输血，反而导致国有企业的行为出现变异，大量资金通过各种途径流向房地产市场，成为"地王"泡沫的创造者。引导资金回归实体的核心是利用多种政策组合，从根本上改变日益下滑的实体投资与房产投资收益率的比值。因此，一方面要通过降低成本和提高创新来提升实体经济的预期投资收益率；另一方面要通过强化监管和规范市场来降低房地产领域的投资与投机收益率。在这方面，税收政策是改变两大领域收益对比的最佳的政策工具，适度提升房地产投资所得税、同时降低实体经济投资税负，可以起到较好的资源引导作用。

4. 落实《法治政府建设实施纲要（2015—2020 年）》（以下简称《纲要》）有关房地产调控的主要任务和具体措施。

《纲要》不仅指出要根据房地产市场分化的实际，坚持分类调控，因城施策，更提出要建立全国房地产库存和交易监测平台，形成常态化房地产市场监测机制。这对于实施住宅用地分类供应管理，完善和落实差别化的税收和信贷政策具有重要的意义。同时，一方面要通过如改进住房公积金使用和监管机制，支持居民合理住房消费；另一方面，要严控首付比例限制，打击利用首付贷、信用贷和房抵贷等加高杠杆的做法，控制边际杠杆率上升。

5. 谨防新一轮调控政策偏差导致房地产市场出现极端变化。

为避免政策偏差可能会导致的两种极端效果，即"无效调整"和"过度调整"，本轮房地产市场调控要加强政策的沟通协调，找到"控风险"与"稳增长"的契合点，找到中央与地方政府利益契合的操作工具，谨防调控政策偏差导致极端变化。在切实推进因城施策中，增加一二线城市土地供应和投资力度，加快三四线城市户籍制度改革和新型城镇化配套设施建设。

（五）长期来看，化解风险和稳增长需供给侧结构性改革有序且实质性推进

1. 明确供给侧结构性改革推进的难点所在，处理好短期目标和中长期目标的关系。

推动供给侧结构性持续顺利进行，首先必须明确改革的难点何在。我们认为当前供给侧改革的难点主要来自三方面：一方面是存量调整的阻力，特别是僵尸企业、债务高企的国有企业和过剩产能行业和房地产的结构性供给失衡；另一方面，在政府简政放权以及功能性重构中，在市场化领域需要大范围放松管制，比如劳动、土地和资本等关键要素都面临着准入障碍，但一些领域比如金融市场等需要强化监管。此外，权衡市场与政府间的关系，厘清政府与市场的边界，这是推动改革进行的重要难点之一，结构性的调整需要遵循市场发展的内在规律。

供给侧改革是一项长期改革，在推进改革过程中，需要将长期目标和短期目标相结合。正如前文所分析的，中国经济放缓不仅仅是周期性因素，也是结构性、趋势性力量共同作用的结果。供给侧结构性改革有利于提高潜在增长率、促进经济结构的调整优化，但短期内有效需求不足仍然是制约中国经济短期波动的最重要问题，需要财政政策持续发力。长期来看，供给侧改革的最核心的目标也是中长期目标，是全面进行要素市场化改革，以真正发挥市场在配置资源方面的决定性作用，全面释放经济社会活力。在长期而言，要素的数量和质量，从根本上决定着一国经济增长的效率。

2. 持续存量调整与增量调整并进，促进结构调整优化。

在经济下行的关键时期，供给侧改革要做好存量调整与增量调整并进，存量调整关乎经济基本面，要避免引发经济系统性风险，而增量调整为培育新的增长动力和经济增长点。具体来说，存量调整，主要通过产品价格和要素价格改革，实现过剩产能的出清，增量调整表现为短缺供给的部门尤其是加大各类服务业的供给投资以及新兴产业的培育。存量调整和增量调整互相影响，互相促进，有助于风险的逐步缓释以及经济结构的不断优化。

3. 通过产品价格和要素价格改革，引导资本和劳动在不同部门的优化配置，提高全要素生产率。

通过产品价格和要素价格改革，引导资本和劳动在不同部门的优化配置，提高全要素生产率。第一，在商品市场改革方面，要进一步减少国家定价或国家调控价格的商品范围，国家定价或调控价格要公开透明；严格监控垄断企业商品价格，规范垄断环节商品价格管理；严格监控企业联手操控商品价格行为，打击部分占有市场份额较大的企业通过或明或暗手段联合定价、垄断市场的行为；通过统一市场规范，制止部分地方政府滥用行政权力对外地企业与产品进行多重检验和设置进入壁垒的行为；进一步规范政府采购商品行为，扩大市场公平公开定价。第二，在劳动力市场改革方面，要彻底改革我国的户籍管理制度，破除城乡户籍与大中小城镇户籍对劳动力自由流动的限制；完善劳动合同制度，取消对不同人员（城镇人员与进城务工人员）和不同企业（国有企业与民营企业）差别对待的劳动合同与劳动工资，实行全员公开公平规范合理的劳动合同和劳动工资；全面推进、规范和完善劳动保障制度，健全劳动保险制度。第三，在土地制度改革方面，深化土地制度改革，加快流转制度改革，将农村土地作为要素的价值充分体现。我国现行的土地所有权制度是农村土地集体所有制和城市土地国有制二元并立的制度。尽管城市土地和农村土地都属于同一种土地资源，但人为分割成城市和农村两种土地制度造成了其享受的权利极不对等，盘活农村土地资源，对流转土地的产权主体、权利和利益边界进行法律确认，还原农民对土地资产的完整产权，一方面建立城乡统一的土地流转市场，赋予农民集体土地流转权，有利于增加农民财产性收入，进一步打开农村消费市场；另一方面，从资产负债表来讲，通过城乡统一的土地流转将提升其资产价值，有利于分流部分货币，对冲其他领域的资产泡沫。

毛振华，中诚信集团创始人、董事长，中诚信国际信用评级有限责任公司首席经济学家，中国人民大学经济研究所联席所长，教授、博士生导师。

毛振华担任国务院深化医改领导小组专家咨询委员会专家委员、董辅礽经济科学发展基金会理事长、中国经济理论创新奖执行委员会主任、中国民（私）营经济研究会副会长、中国工业经济联合会常务理事、中国企业家论坛理事等职务。

毛振华毕业于武汉大学，获经济学博士学位，中国社会科学院博士后。

刘元春，中国人民大学经济学院教授、博士生导师、"长江学者"特聘教授，国务院特聘专家、国家"百千万人才工程"有突出贡献中青年专家，国家新世纪人才，中国人民大学副校长，国家高端智库"国家发展与战略研究院"执行院长。

刘元春兼任教育部国际商务专业学位研究生教育指导委员会委员，国家社科基金评审专家、教育部留学基金委评审专家、世界经济协会常务理事、国际金融协会理事，四川省决策咨询委员会委员、工业与信息化部专家咨询委员会委员。为中共中央政策研究室、国务院政策研究室、国家货币政策委员会、发改委、财政部等部门聘请专家，先后被多家国家机构评为咨询专家；担任CCTV和凤凰卫视等多家电视台和媒体的财经特约专家；担任《经济研究》、《世界经济》等杂志匿名审稿人。

先后获得"全国优秀博士论文奖""2002和2009年北京市哲学社会科学优秀成果奖""第十届和十一届孙冶方经济学奖""北京市哲学社会科学优秀成果一等奖""第十届霍英东青年基金奖""吴玉章社会科学奖优秀奖"、教育部第六届高等学校科学研究优秀成果奖、国家"三个一百"图书奖。先后入选"国家新世纪人才"、北京市社科理论人才"百人工程"、"首都教育先锋科技创新标兵"。在《中国社会科学》《经济研究》等学术刊物发

表 200 多篇论文，出版专著 10 多本。

刘元春于 1999 年毕业于中国人民大学经济学院，获经济学博士学位。

袁海霞，中诚信国际信用评级有限责任公司研究院首席宏观分析师，首席经济学家办公室主任助理，高级经济师。

袁海霞主要从事宏观经济、债券市场等领域研究工作。作为主要负责人，参与过国家发改委、国家社会科学基金、北京市发改委等多项重点课题研究；在《中国人民大学学报》《经济理论与经济管理》《当代经济管理》《中国证券报》《中国财经报》等学术期刊和报纸发表论文多篇，是《当代经济管理》期刊的特约审稿人。

袁海霞拥有中国人民大学经济学博士学位。

张英杰，中诚信国际信用评级有限责任公司董事总经理，研究院执行院长，分管研究院、博士后工作站，博士后导师。主要研究领域为宏观经济、信用评级与风险等。

张英杰受聘中国人民大学国家发展与战略研究院研究员、新华社特约经济分析师、中国银行业协会东方银行业高管研修院培训讲师、中国财富管理 50 人论坛研究院特聘研究员、中国保险资产管理业协会专家讲师、清华大学五道口金融学院道口教育专家讲师、中国银行间市场交易商协会外聘讲师。

张英杰曾任教哈尔滨工程大学经济管理学院，副教授。

张英杰拥有中国人民大学经济学博士学位，中国人民大学国民经济学博士后。